Ueli Mäder

Mein Bruder Marco

Ueli Mäder

Mein Bruder Marco

Eine Annäherung

Rotpunktverlag

Der Rotpunktverlag wird vom Bundesamt
für Kultur mit einem Strukturbeitrag
für die Jahre 2021 bis 2024 unterstützt.

www.rotpunktverlag.ch

Umschlagbild: suze / photocase.de
Lektorat: Andreas Simmen
Korrektorat: Jürg Fischer
Gestaltung: Patrizia Grab
Druck und Bindung: Friedrich Pustet, Regensburg

ISBN 978-3-03973-021-6
1. Auflage 2024
Dieser Titel ist auch als E-Book erhältlich.

Inhalt

Lieber Marco,

Du verfehltest deinen 66. Geburtstag nur knapp. Wer hätte das gedacht. Du wurdest trotz ruinösem Lebenswandel ziemlich alt. Und starbst doch viel zu früh.

Hedwig Kiràly, deine letzte Freundin, fand dich am Sonntag, 14. April 2013, tot in deiner Wohnung. Sie wollte mit dir den sonnigen Frühlingstag genießen, mit dir durch die Wälder streifen, zur Sissacher Fluh wandern. Hand in Hand. Aber du kauertest nackt und schier eingefroren auf der Toilette. So entdeckte sie dich, bereits ziemlich steif und kalt; deine Ellenbogen in den gekrümmten Bauch gestemmt. Laut ärztlichem Befund bist du seit dem 13. April 2013 tot.

Dein entzündeter Magen und deine verkrebste Kehle plagten dich. Dein verzerrtes Gesicht zeugt davon. Zu später Stunde hörte dein chinesischer Nachbar erst noch, wie du stöhntest. Du nanntest ihn »Chinesli«. Und schriest nachts immer wieder auf. Deine körperlichen Schmerzen überdeckten dein seelisches Leiden.

Du liebtest die Natur und pflegtest einen manchmal feinen Humor, hadertest aber mit dem Weltgeschehen und verzagtest. Dein Abgang wirft Fragen auf. Ich blende zurück.

Geboren bist du in Burg im aargauischen Wynental, du bist das vierte Kind einer achtköpfigen Familie, besuchst die Grundschulen in Frauenfeld und Sissach, die Mittelschule in Liestal, verweigerst den Militärdienst, spielst in der Handball-Nationalliga, studierst Theologie in Basel, liest viel, philosophische, theologische, historische Werke und vieles mehr, lebst in einer Wohngemeinschaft, arbeitest im Sozialbereich, hast einen großen Freundeskreis, trinkst immer mehr Alkohol, ruinierst deine Gesundheit und kehrst zweiundvierzigjährig nach Sissach zurück. Hier kümmerst du dich um die betagte Mutter, streifst durch Wälder und Kneipen.

Du bist vielseitig begabt und weckst große Erwartungen. Dennoch ist aus dir kein ehrwürdiger Herr Bundesrat geworden, sondern eher ein origineller Dorfindianer.

Du bist mein älterer Bruder, warst mein Vorbild, standest mir lange am nächsten und bist mir heute noch sehr nah. Aber was hat sich bei dir, uns und im gesellschaftlichen Umfeld verändert? Das versuche ich mir zu vergegenwärtigen und zu verstehen.

Leben

Du bist ein erwünschtes Kind und kommst am Sonntag, 20. April 1947, in Burg zur Welt, zwei Wochen später als erwartet. Die Hebamme trennt die Nabelschnur, die deinen Hals umschlingt. Sie klopft dir aufs Gesäß und legt dich in Mutters offene Arme. »Mein Markli«, flüstert sie, die erschöpfte Mama, »unser Sonntagskind ist da«.

Markus Wilhelm lautet dein amtlicher Vorname. Wilhelm steht nur im Taufschein. Und aus Markus wird später Marco. Rägel Kern, deine langjährige Lebenspartnerin, nennt dich seit euren ersten gemeinsamen Ferien so. Ihr verbringt sie, knapp zwanzigjährig, in Vernazza. Dorthin zieht es euch immer wieder. Ihr liebt die Cinque Terre an der italienischen Riviera. Dein Rufname Marco setzt sich allmählich auch im Alltag durch. Die Eltern und ein paar alte Bekannte bleiben bei Markus.

Mutter Flora ist angelernte Verkäuferin und wuchs mit zwei jüngeren Geschwistern in Beinwil am See auf. Ihr Vater betrieb im Keller des zweistöckigen Wohnhauses eine kleine Schreinerei, ihre Mutter im Parterre eine Schneiderei mit drei Lehrtöchtern.

Flora nahm nach der Volksschule eine Anstellung in einem Textilgeschäft an. Sie durfte keine Berufslehre machen und musste ihren Lohn den Eltern für Kost, Logis und für ihre spätere Aussteuer abgeben. 1912 geboren, erlebte sie noch den Ersten Weltkrieg. Und dann, siebzehnjährig, die Wirtschaftskrise.

In der Schweiz verlief die Krise glimpflicher als in andern Ländern. Neue Arbeitsplätze im Wohnungsbau und in der Rüstungsindustrie verminderten die Erwerbslosigkeit. Zudem schlossen Gewerkschaften mit Unternehmen und Verbänden mehrere Gesamtarbeitsverträge ab. Wie schon nach den Streiks am Anfang des 20. Jahrhunderts.

Mit dir ist die Familie nun sechsköpfig. Ihr lebt in einer kleinen Dreizimmerwohnung. Die Ersparnisse der Eltern betragen siebentausend Franken. Ihr gemeinsames Bankbüchlein ist auf Vater Samuel ausgestellt. Mutter Flora verwaltet es und bewahrt es im hölzernen Kassenschrank auf. Dieser steht neben dem selbstgezimmerten Ehebett und stammt ebenfalls aus der Werkstatt ihres Vaters. In der obersten Schublade befindet sich eine Pappschachtel, die mit violettem Samt ausgelegt ist. Flora bewahrt darin ihr silbernes Besteck auf, das sie von ihrer Gotte schon an der Konfirmation »für die spätere Vermählung« erhalten hat.

Du hast, wie alle Geschwister, ein eigenes, blechernes Sparschwein, kein rosarotes. Dein Götti schenkte es dir zur Geburt. Und einen Fünfliber dazu. Alle Jahre wieder: einen Fünfliber, bis zum 16. Geburtstag. Keine Sekunde länger und keinen Rappen mehr. Mit den Zinsen kamst du damals auf über hundert Franken. Und fühltest dich reich.

*

Mutter Flora wuchs also am Hallwilersee auf. Bei einem Schulfest spielte sie, neunjährig, die Göttin der Jugend. Flora kannte ihren Text noch im 95. Lebensjahr auswendig. Zwölfjährig hütete sie werktags den Fabrikantensohn Helmut. Das Entgelt gab sie zu Hause ab. Ihre Mutter legte noch einen silbernen Fünfliber dazu und bezahlte damit einer gelernten Schneiderin den vollen Lohn.

Dreizehnjährig musste Flora ihre Anstellung als Babysitterin kündigen. Da kam ihre jüngere Schwester zur Welt. Flora kümmerte sich nun um die beiden Geschwister, den kleinen Bruder Richard und das drittgeborene Schwesterchen, putzte und kochte. Und um ordentlich haushalten zu können, musste sie sich mit der Volksschule begnügen. Trotz bestandener Prüfung für die Bezirksschule. Damit haderte sie lange. Ihr Bruder Richard durfte später eine kaufmännische Lehre machen und wurde ein reicher Geschäftsmann in Schweden. Du bewundertest ihn. Vor allem, weil er so lustig war und rassig Piano spielte.

Flora wollte eigentlich Lehrerin werden, durfte aber nur zwei Anlehren besuchen, die eine im Verkauf und die andere in einem Nähatelier. Danach arbeitete sie acht Jahre in einem Textilgeschäft im nahe gelegenen Reinach im Kanton Aargau. Abends verrichtete sie ihre »Ämtli« zu Hause mit Putzen, Vorkochen und Zuschneidern im Atelier ihrer Mutter. Über den Mittwochabend durfte Flora frei verfügen. Dann sang sie in einem Chor, spielte Gitarre und Klavier.

*

Dein Vater Samuel, zuerst Pöstler und Briefträger, dann (gelernter) Metzger, kam 1914 ein paar Wochen vor Ausbruch des Ersten Weltkriegs zur Welt. Er wuchs als sechstes Kind einer neunköpfigen Bauernfamilie ob Prehl bei Murten auf. Sein Vater, dein »Großätti«, ruinierte den stattlichen Hof. Er trank seinen Schnaps schon am frühen Morgen beim Melken der Kühe und abends im Wirtshaus. Den Branntwein löschte er mit reichlich Bier. Und die Geburt seines Sohnes Samuel meldete er zwei Tage zu spät an. Er blieb auf dem Weg zur Gemeindeverwaltung jeweils in der Gaststube stecken.

Die Brüder von Samuel hielten bald einmal mit gegorenen Kirschen und Trauben mit. Das sei gesund, meinte ein enger Freund, der, beruflich Polizist, keine vierzig Jahre alt wurde. Dein Großvater wurde immerhin neunzig. Ob er im Delirium starb, ist strittig; aber sicher mit einer Leberzirrhose.

Drei ältere Brüder arbeiteten als Metzger, Musiker und Wirt. Der eine sprach trotz Magenbeschwerden dem Rotwein bis ins hohe Alter zu. Hinzu kam der älteste im Bunde, ein angesehener und gestrenger Lehrer. Er gönnte sich ab und zu einen Schluck Kirsch. Samuel, der jüngste Bruder, ging bei ihm zur Schule. Zuerst stolz, dann widerwillig, da oft gemaßregelt. Als Nachzüglerin folgte noch, wie bei Flora, eine Schwester. Im vergilbten Familienalbum ist sie auf einem einzigen Foto abgelichtet. Eine vorher geborene Schwester fehlt. Sie lebte nur zwei Monate.

Samuel, auch Sämi genannt, ging früh eigene Wege. Er verrichtete seine Mitarbeit auf dem Hof gerne etwas abseits, besuchte wöchentlich die Jugendriege und lebte beim Kunstturnen auf. Später wechselte er zur Leichtathletik und spurtete recht flink über kurze Strecken. Das war seine Disziplin. Am späteren Abend holte er, der Mutter zuliebe, den betrunkenen Vater im Wirtshaus ab, der sich nun als Taglöhner verdingen musste, sofern er dazu kam.

Samuel konzentrierte sich nebst seiner Anlehre als Pöstler auf den Sport. Er wollte seine Kräfte auch im Schwingen messen und brach bei seinem ersten Wettkampf sein Wadenbein; einen Monat, bevor er sich als schnellster Regionalläufer behaupten wollte. Später wählte Samuel längere Distanzen, die mehr Ausdauer forderten.

Im Juni 1939 nahm ihn dann ein Kollege zu einer Heilsarmeeversammlung in Aarau mit. Dort lernte Samuel die sozial engagierte Flora kennen. Die beiden verliebten sich, wanderten am 1. August gemeinsam auf die Rigi und blieben dann – durch die Mobilmachung vom 2. September 1939 zunächst getrennt – zeitlebens zusammen.

Im April 1937 schloss Samuel schon, zehn Jahre vor deiner Geburt, seine Lehre als Metzger ab. Mit »sehr guten Berufskenntnissen« und einer 1,0 im Prüfungsausweis. Das erstaunt dich wohl. Du orientiertest dich intellektuell an der belesenen Mutter. Vater wirkte auf dich »schulisch weniger gefördert«. Nach der Volksschule erwarb er allerdings noch das Handelszertifikat am kantonalen »Collège St-Michel« in Fribourg. Das Zeugnis kam nach deinem Tod zum Vorschein. Es steckte in einem unbeachteten Dossier.

Vom Militärdienst an der Grenze abgesehen, blieb Vater Samuel bis Ende März 1941 als Metzger tätig; zuletzt in der Conservenfabrik Lenzburg. Er habe sich, schreibt der Meister im Arbeitszeugnis, »in allen Teilen als fleißiger, ehrlicher und aufrichtiger Berufsmann erwiesen«. Nebst dem

Metzgen und Kochen im Militär wirkte er noch, wie Flora, vom Herbst 1939 bis Frühjahr 1941 bei der Heilsarmee mit, bei der er an freien Tagen die Kadettenschule in Bern besuchte. Danach traten beide aus.

Bei deiner Geburt ist dein Vater allerdings bereits (Hilfs-)Stationswärter in Menziken. Nach seiner Heirat mit Flora am 4. April 1941 arbeitet er bis 1951 bei der Bundesbahn. Er beginnt in Luzern als Betriebsarbeiter. Sein Lohn beträgt neun Franken und 22 Rappen pro Tag.

*

Kaum bist du im April 1947 auf der Welt, weht auf dem ehemaligen Schloss in Burg eine Schweizer Fahne. So begrüßt die Gemeinde ihre Buben. Bei Mädchen hisst sie das Aargauer-Banner.

Vom Schloss aus regierten einst die Herren von Reinach im Dienste der Habsburger über das obere Wynental, bis die Eidgenossen bei der Schlacht von Sempach 1386 den Turm zerstörten und drei Jahre nach Arnold von Winkelrieds Heldentod den Aargau besetzten. Burg kam dann in Berner Obhut und 1798 über die Franzosen zur Helvetischen Republik. Im 19. Jahrhundert stieg das obere Wynental zum Zentrum der Schweizer Zigarrenindustrie auf. Das führende Unternehmen Burger und Söhne hat inzwischen seine Produktion nach Brissago verlagert, den Konzernsitz aber in Burg belassen.

Der Schriftsteller Hermann Burger war ein Nachfahre der Konzernfamilie, Burg sein Heimatort. Er schmauchte gerne Zigarren und schrieb über Randständige und die Endlichkeit. »Gegeben ist der Tod«, hielt er vor seinem frühen und selbst gewählten Abgang 1989 fest. »Bitte finden Sie die Ursache heraus.«

Bei deiner Geburt ist Hermann fünfjährig. Er wohnt, zwei- bis dreihundert Meter von dir entfernt, in einem »Herrschaftshaus« im angrenzenden Menziken und spielt oft zusammen mit deiner ältesten Schwester Elisabeth. Sie gehen auch miteinander in den Kindergarten. Im Krippenspiel sind sie Maria und Josef. Die gläubigen Elternpaare freuen sich. Hermann stammt aus einem Familienunternehmen, das im Caux Palace ob Montreux freikirchliche Aktivitäten unterstützte.

Nebst Elisabeth sind bei deiner Geburt zwei weitere Geschwister schon da, der vierjährige Walter und die zweijährige Ruth; Christa und ich folgen später. Scheinbar wie geplant, ebenfalls im Abstand von je zwei Jahren.

Du beginnst in einem handgeflochtenen Stubenwagen mit Holzrädchen zu strampeln. Der Zweite Weltkrieg ist vorbei. Fünfzig Millionen Menschen starben. Und jetzt, was bewegt sich in deiner weiteren Umwelt? Ich weise auf ein paar Kontexte hin und vergegenwärtige mir dann deinen weiteren Werdegang im Zwiegespräch mit dir.

*

Spannungen bestehen nach Kriegsende weiterhin im Nahen und Fernen Osten, auf der halben Welt. Sie treiben dein harmonisch wirkendes Umfeld um, in das du zufällig geraten bist. China steckt seit zwanzig Jahren in einem internen Krieg. Er dauert noch eine Weile. Indien erkämpft seine Unabhängigkeit. Mahatma Gandhi personifiziert die Befreiung. Du erzählst später viel von ihm in deiner Jugendgruppe und bilanzierst: »Zuerst ignorieren sie dich, dann lachen sie über dich, dann bekämpfen sie dich und dann gewinnst du.«

Mahatma Gandhi wehrte sich schon zu Beginn des 20. Jahrhunderts in Südafrika gegen die Diskriminierung nicht-weißer Menschen, die 1948 in der Errichtung des Apartheid-Regimes gipfelte. Er zählte stets zu deinen Idolen. Indiens heutige Regierung desavouiert ihn jedoch; für dich empörend, wärest du noch da. »Gandhi muss weg!«, titelt das »Zeit«-Dossier (vom 2.11.2023). »Er ist eine Ikone, weltweit bewundert für seine Idee des gewaltlosen Widerstands und seine religiöse Toleranz. Doch in Mahatma Gandhis Heimat Indien wollen viele Menschen davon nichts mehr hören«, heißt es weiter im Text. Dich würde aber auch irritieren, was Gandhi 1940 recht gefällig an Hitler schrieb: »Lieber Freund, wir halten Sie auch nicht für den Unmenschen, als den Ihre Gegner Sie darstellen. Wir sträuben uns nicht weniger gegen den britischen Imperialismus als gegen den Nazismus. Ein Fünftel der Menschheit wurde unter die britische Knute gebracht. Doch wir würden niemals die britische Herrschaft mit deutscher Hilfe beenden wollen. Wir haben in der Gewaltlosigkeit eine Kraft gefunden. Ich verbleibe als Ihr aufrichtiger Freund.« (Simon Sebag Montefiore, *Geschichte schreiben,* Stuttgart 2023)

Anders als in Asien setzten sich in Afrika die meisten antikolonialen Bewegungen erst ab Ende der 1950er Jahre durch. In Madagaskar lehnen sich in deinem Geburtsjahr eine Million Einheimische gegen die französische Kolonialmacht auf, die brutal reagiert und (potenziell) Aufständische massenweise hinrichtet. Im Sinne eines alten

Verständnisses von »Selbstverteidigung«, das noch keineswegs passé ist.

In Europa läuft der Marshallplan an. Die USA unterstützen den Wiederaufbau. Die Tschechoslowakei nimmt die Hilfe zuerst gerne an, bis die Sowjetunion interveniert und auf eine kommunistische Einheitsregierung pocht. Osteuropa vereint sich »brüderlich« .

Der Kalte Krieg zwischen den sozialistischen und kapitalistischen Staatenblöcken dauert offiziell von 1947 bis 1989, dem Aufbrechen der Berliner Mauer. Das überwältigende Ereignis symbolisiert einen Paradigmenwechsel. Das (finanz-)kapitalistische System weitet sich aus.

Und Schriftsteller Hermann Burger, dein früherer Nachbarsbub, nimmt sich, wie erwähnt, just im Jahr des Mauerfalls mit 47 Jahren das Leben. Burger ist in einer begüterten Familie aufgewachsen. Und doch seid ihr teils ähnlich sozialisiert. »Religiös und leicht patriotisch inspiriert«, meintest du. Jedenfalls mit hohen (Ich-)Idealen ausgestattet. Aber das trifft auf viele Menschen zu. Auch säkulare Wirtschaftsliberale sind oft sehr (markt-)gläubig und autoritär, ohne es zu merken.

Du ziehst dich, ebenfalls 1989, ins ländliche Baselbiet nach Sissach zurück, wo du deine Jugend verbracht und an der Jungbürgerfeier den Schweizer Psalm gesungen hast.

*

Philipp Etter heißt in deinem Geburtsjahr der Schweizer Landesvater. Er präsidiert 1947 den Bundesrat, dem er von 1934 bis 1959 angehört. Etter politisiert stramm rechtskonservativ. Nach Hitlers Machtübernahme plädiert er dafür, die liberale Demokratie in eine autoritäre umzuformen. 1940 hält Etter die Medien dazu an, sich zurückhaltender zum Nationalsozialismus zu äußern.

Nach dem Krieg warnt Bundesrat Etter vor dem Frauenstimmrecht, das die Schweizer Eigenart unterwandere. 1971 setzen sich die Frauen trotzdem durch. Und Etter stirbt sechs Jahre danach. Er ist im Familiengrab in seiner Heimat Menzingen beerdigt. Die Gemeinde liegt im Kanton Zug und ist nicht mit dem Aargauer Menziken zu verwechseln, das im Wynental an deinen Geburtsort grenzt.

Der Historiker Thomas Zaugg attestiert dem Bundesrat *(Bundesrat Philipp Etter, 1891–1977,* Basel 2020), im Alter etwas verständiger geworden zu sein. Du hättest den Wälzer im Nu gelesen und dem Autor vermutlich viele kritische Fragen gestellt. Etter unterstützte die Programme der neorechten Erneuerungsbewegung und behielt sein Bundesratsmandat, breit abgestützt, bis Ende der fünfziger Jahre.

*

Eine andere Biografie hätte dich mehr interessiert. Sie erschien ein Jahr nach deinem Tod: *Zwei Herren am Strand* (München 2014). Michael Köhlmeier beschreibt darin die Freundschaft zwischen dem englischen Premierminister Winston Churchill und dem Schauspieler Charlie Chaplin.

Chaplin skizziertest du in Kneipen oft auf Bierdeckel und Zeitungen. Und zwar so, als ob er mit Stock und seitlich überschlagenen Beinen tanzen würde.

Chaplin und Churchill lernten sich am Rande einer Party in Hollywood kennen. Sie entzogen sich dem Small

Talk und spazierten dem Strand entlang, beide psychisch verstimmt und suizidgefährdet.

Die Depression, der »schwarze Hund«, blieb fortan der dritte in ihrem Bund. Die beiden suchten sich immer wieder in Krisen auf. Das konnte auch, kurzfristig anberaumt, an Weihnachten oder Silvester sein; am Rande eines Familienfestes.

Chaplin ist für dich ein sensibler Komiker. Churchill verkörperte eher den Machtmenschen. Die konträren Charaktere entsprachen sich im Hang zum Melancholischen. Beide hielten den Freitod für eine freiheitliche Variante. Das half, eigene Krisen und sentimentale Koller zu mindern. Churchill stürzte öfters nach glänzenden Reden ab. Und Chaplin fiel meistens nach gelungenen Filmproduktionen in ein Loch. So fanden die beiden 1927 in Santa Monica zusammen und blieben Freunde, wie Michael Köhlmeier in seiner Biografie beschreibt. Du hättest sie gleich bestellt.

Der Natur wenig verbunden, spazierten Churchill und Chaplin meist spätabends los. Das Dunkel schützte beide. Es symbolisiert gemeinsame »troubles« (Probleme). Ohne Erfolgsgehabe, aber verklausuliert, delegierten sie ihre depressiven Neigungen an einen »schwarzen Hund«, den verbindenden dritten. Beide konnten auch Zweifel zulassen. Darin lag ihre Stärke.

*

Der Neurologe David Owen, einst britischer Außenminister, geht in seiner Studie über *Krankheit und Macht* (London 2011) auf die Stärke ein, Zweifel zu äußern und ernst zu nehmen. Diese Arbeit beeindruckte dich. Du entdecktest sie

»leider zu spät«, wie du sagtest, und erahntest vielleicht bereits deinen Abgang.

Owen deutet das Streben nach Macht als Zwang, sich über andere zu erheben und eigene Interessen egomanisch gegen Widerstreben durchzusetzen. Er expliziert das an Leuten aus der Politik, Wirtschaft und Wissenschaft; zudem an sich selbst. Er sei, wie die meisten Männer in Führungspositionen, ebenfalls der Machtkrankheit erlegen. Sie wirke wie eine Droge und Sucht. Und wer vornehmlich Zunickende um sich schart, kommentiertest du, nimmt sich selbst umso mehr nach dem eigenen Wunschbild wahr.

*

Du weilst 1947 nur kurz in deinem Geburtsort in Burg. 1948 zügelt die Familie ins nahe gelegene Beinwil am See, ins Elternhaus von Mutter Flora. Ihre Eltern räumen den zweiten Stock für euch. Vater Samuel hatte seine Arbeit am Fließband in der Lenzburger Konservenfabrik ja schon ein paar Jahre zuvor aufgegeben. Statt weiter Kühen ihre Innereien im Akkord herauszuschneiden, wechselte er zur Bundesbahn. Zuerst schrubbte er Waggons und Perrons in Luzern, dann in Menziken.

Als pflichtbewusster Bähnler und (Aushilfs-)Stationswärter ist Samuel nun in Beinwil am See auch dafür verantwortlich, die Barriere rauf- und runterzukurbeln. Die Schranke befindet sich mitten im Dorf; dort, wo die Hauptstraße die Gleise quert. Einmal kollidiert eine Draisine fast mit einem Lastwagen. Samuel ist abgelenkt. Er vergisst, die Barriere zu senken. Seine Gattin Flora ist mit mir schwanger. Der kärgliche Monatslohn reicht für ein sechstes Kind kaum aus. Ich komme 1951 trotzdem auf die Welt.

Fünfzig Jahre später schreibt mir Mutter Flora in einem achtseitigen Brief, wie sie schier verzweifelte, als sie neues Leben in sich spürte. Überfordert zog sie sich mit einem Hintergedanken in den Garten zurück, arbeitete besonders fleißig auf dem Kompost. Die erhoffte Wirkung blieb jedoch aus. Und drastischere Maßnahmen kamen für sie nicht infrage. Trotz Kenntnis giftiger Misteln, auf die anno dazumal etliche Frauen notgedrungen zurückgriffen.

Ich wunderte mich oft, lieber Marco, wie viele Hürden du scheinbar locker überhüpftest. Ich musste mich enorm anstrengen und eckte oft an. Zudem frage ich mich heute noch, woher meine Mühe rührt, mich in Gemeinschaften zugehörig zu fühlen. Aber andern Menschen, die ebenfalls »gut integriert« sind, geht es offenbar ähnlich. Und du zogst dich ja als Sonntagskind mit viel Anerkennung und Kontakten auch immer mehr zurück.

*

1951 zügeln wir, die mittlerweile achtköpfige Familie, nach Frauenfeld. Vater Samuel gibt seine Bähnlermütze ab. Obwohl er keine soziale Ausbildung hat, wird er Alkoholfürsorger im (Most-)Kanton Thurgau. Samuel betreut dreihundert Fälle allein. Die dicht beschrifteten Karteikarten stecken in einer länglichen Kartonschachtel neben dem Telefon. Sein Einstiegslohn beträgt 650 Franken im Monat. Sein Vollzeiteinkommen liegt auch nach vier Jahren mit 740 Franken unter dem Existenzminimum.

Du fühlst dich trotzdem privilegiert. Du spielst viel

draußen, gehst in den Wald, hilfst beim Holzen und freust dich auf gemeinsame Hörspielabende. Die Eltern sind abends oft abwesend. Mutter begleitet Vater zu Vorträgen. Elisabeth und Walter sind neun- und achtjährig. Sie hüten uns, ihre kleinen Geschwister.

Die Eltern organisieren auch jedes Jahr Sommerlager mit sechzig bis neunzig Kindern in Wildhaus und Zernez. Vater kocht für alle. Mutter Flora und Mitleiter »Onkel Köbi« übernehmen das Spielen und Wandern. Die älteren Buben und Mädchen helfen mit. Sie sind für kleine Schlafgruppen mitverantwortlich. Du gewährst mir in deinem Schwalbennest Unterschlupf. Bei dir fühle ich mich wohl.

*

150 Jahre vor unserem Umzug nach Frauenfeld fand übrigens im Kanton Thurgau auch Schriftsteller Friedrich Hölderlin eine neue Bleibe. Er amtete in Hauptwil als Hauslehrer, wie der Historiker Stefan Keller in *Spuren der Arbeit* (Zürich 2020) beschreibt.

Eine einzige Familie verfügte damals in diesem Dorf über Arbeit, Wohnen und rechtliche Belange. Hölderlin nahm wahr, wie sich im frühindustriellen »Musterdorf« die »ärmere Klasse« von der Obrigkeit emanzipierte, dank der Französischen Revolution. Und die (Textil-)Manufaktur minderte die Abhängigkeit von der Landwirtschaft. Sie brachte aber auch neue Formen der Ausbeutung. Hunger kam auf. Hölderlin entdeckte in der Provinz eine kleine Weltgeschichte.

Du erkundest die Welt später im oberen Baselbiet. Und Hölderlins *Gesammelte Briefe* begleiten dich von der Mittelschule bis zum Lebensende. »Wir müssen große Forderungen an uns machen«, schreibt der Schriftsteller. Du hast den Satz mit Bleistift unterstrichen (in der frühen, undatierten Leipziger Ausgabe).

*

Vater Samuel ist im Thurgau als Alkoholfürsorger für den ganzen Kanton zuständig. Seine Gattin Flora steht ihm bei den vielen Referaten und Schreibarbeiten ehrenamtlich zur Seite. Sie verfasst seine »Monatsberichte« (für Behörden, alle »Schützlinge«, Mitglieder des Blauen Kreuzes und Spendende), betreut sechs Kinder, bekocht Arbeits- und Ratsuchende und beherbergt ab und zu während mehreren Wochen gestrandete Alkoholabhängige.

Fast ein halbes Jahr weilt auch der hochbetagte Vater unseres Vaters bei uns. Wir drei Buben schlafen nun in einem Bett. Das ist etwas eng, aber irgendwie gemütlich. Einmal ersticke ich fast, weil Walter auf mir liegt, wie unsere Mutter rechtzeitig bemerkt.

Du, Marco, besuchst in Frauenfeld den Kindergarten und die Primarschule. An verschneiten Wintertagen saust du mit deinem eisernen Gitzi-Schlitten bis zur einbrechenden Dunkelheit die alte, vereiste Gerlikoner Straße hinunter. Einmal schlägst du beim brüsken Stoppen jäh auf. Dein rechtes Auge kollidiert mit einem verzierten Haltegriff und bleibt lange verletzt.

*

1956 geht die Reise weiter ins Baselbiet. Hier arbeitet Vater Samuel wiederum als Alkoholfürsorger. Das Sekretariat befindet sich in dem Wohnhaus, das Flora und er seinem Vorgänger zu günstigen Bedingungen abkaufen konnten.

Das Bienenhaus im Garten dient zeitweise als Notschlafstelle für »Schutzbefohlene«. Vater Samuel nennt sie auch seine »Schützlinge«. Das klingt zwar etwas paternalistisch, ist aber gut gemeint. »Sämi« fühlt sich ihnen verbunden. Er trifft sie auch in Kneipen. Das Klima ist ihm vertraut. Wie dir, später.

Für Samuel war die Beiz früher ein Ort der Verführung und des Verprassens. Aus ihr musste er seinen Vater herausholen. Vor allem der Mutter zuliebe. Und mit der Erfahrung, dass sein Vater dann frustriert zu Hause nochmals eine Flasche Sprit ansetzte. In der Kneipe hätte vielleicht ein letzter Schlummerbecher genügt. Samuel traf seine »Schützlinge« jedenfalls gerne dort, wo sie sich wohlfühlten. Und für ihn gehörte die Kneipe zur Arbeiterkultur, der er sich als ehemaliger Metzger weiterhin verbunden fühlte. Er wollte sogar für die Sozis in die Politik, aber seine Vorgesetzten akzeptierten nur die christlich-soziale Evangelische Volkspartei.

Für dich wurde die Beiz ein lebendiger Ort des regen Austauschs, an dem du dich zunächst vorwiegend mit Handballkollegen trafst. Du kamst hier aber auch mit Leuten ganz unterschiedlicher Herkunft ins Gespräch. So erlebtest du die Kneipe als einen öffentlichen Raum, der für alle zugänglich ist und Menschen verbindet. Und du kanntest auch eine interessante Studie von Franz Dröge und Thomas Krämer-Badon über *Die Kneipe* (Frankfurt a.M. 1987), die dir Knastautor René Reinhard an deinem 40. Geburtstag in die Tasche steckte. Alkoholismus finde vornehmlich hinter verschlossenen Türen statt, gehäuft sogar in sogenannt oberen Schichten. In Kneipen spiele zwar eine gewisse Animation mit, aber die soziale Kontrolle sei stärker als in privaten Kreisen. So lautet der Befund, den übrigens die von mir befragte Psychoanalytikerin Claudine Aeschbach bezweifelt.

Daheim sei die Scham eher stärker. Zudem fänden in Beizen oft Alkoholabhängige an einem informellen Stammtisch zusammen, an dem sie sich eher gegenseitig darin bestärkten, die wirklich Normalen und kleinen Helden des Alltags zu sein. Auch seien die Beziehungen untereinander oft weniger sozial, als es den Anschein erwecke. Die Bereitschaft, sich gegenseitig kritisch zu spiegeln, sei minim. Und das sei ja in der Therapie ein wichtiges Moment.

*

In Sissach besuchst du ab 1956 die Primarschule. Du findest, von Frauenfeld kommend, guten Anschluss: im Rechnen, Lesen, Schreiben und auch sozial. Deine körperliche Beweglichkeit hilft dir. Du bist bei den Ritterkämpfen auf dem Pausenhof bald ein beliebtes Rössli; standfest und geschickt. So findest du auch Anschluss zu den beiden Großfamilien Bachmann und Kamber, die sehr einfach leben. Letztere haben neunzehn Kinder. Mit Buben in der überwiegenden Mehrzahl. Fast alle spielen Fußball und Eishockey.

Ein Schulkollege nimmt dich an einem freien Mittwochnachmittag zum »Tschutten« auf der Wiese hinter dem Schulhof mit. Da spielst du fortan regelmäßig. Du bist ein flinker Flügelstürmer. Und im Winter hilft euch der Abwart, auf einem Teil des Pausenplatzes ein eigenes Eisfeld zu bewässern. Da spielt ihr dann Hockey; anfänglich mit selbstgebastelten Stöcken. Das sind schöne Zeiten.

Ab und zu geht deine Brille in Brüche. Das ist immer schrecklich für dich. Die Eltern reagieren zwar verständnisvoll. Aber du weißt: das kostet. Das ist dir unangenehm.

*

Eine Brille benötigst du vor allem auch zum Lesen. Du liest überall, auf dem Stubenboden, im Bett, mit der Taschenlampe unter der Decke. Wie im Zelt. Das passt zu abenteuerlichen Geschichten. Du leihst jede Woche in der Schulbibliothek ein neues SJW-Heft aus. Und verstehst nicht, warum nur ein Heft erlaubt ist. *Gottfriedli* (SJW, Nr. 278, 1947) packt dich besonders – das Heft über Gottfried Kellers Jugend. Der Dichter wächst in einem engen Quartier in Zürichs Altstadt auf, verliert früh seinen Vater, wird ungerecht aus der Schule gehetzt, zieht sich aufs Land zurück und findet Trost. Du fieberst mit.

Nach Coopers *Lederstrumpf – Der letzte Mohikaner* (1841) packen dich auch die Bücher von Karl May. Zwölfjährig liest du *Durchs Wilde Kurdistan* (1892). Dich fasziniert, wie sich Ahmed gegen Söldner des Machredsch von Mossul wehrt, die in der Wüste eine Wasserquelle plündern. Sie nehmen Ahmed mit und wollen ihn hinrichten. Aber Kara Ben Nemsi folgt den Soldaten, befreit Ahmed und gerät selbst in Gefangenschaft. Du erzählst mir diese Geschichte in unserer Mansarde. Wir kommunizieren leise über das Verbindungsrohr eines alten Staubsaugers, fantasieren eigene Geschichten und sagen dem »königle«.

Was in Kurdistan real geschah, während du noch in den Windeln stecktest, erfährst du später. Das Persische Reich versuchte das wilde Kurdistan aufzulösen, das sich heute gegen die türkische Armee und den Islamischen Staat (IS) verteidigen muss, der Teilgebiete besetzte und zerstörte, so Mossul im angrenzenden Irak. Wenige Jahre nach deinem Tod erlitt die Stadt in der Schlacht um Mossul massive Zerstörungen. Das hätte dich deprimiert.

*

Du »verschlingst« in jungen Jahren auch den Roman *Exodus* (1958) von Leon Uris. Das so benannte Schiff brach 1947 ohne offizielle Erlaubnis vom südfranzösischen Sète nach Palästina auf. Viertausend jüdische Flüchtlinge befanden sich an Bord, darunter tausend Waisenkinder. Doch die britische Marine fing das Schiff in Haifa ab und transportierte alle Passagiere nach Europa zurück. Die Übersiedlung klappte dann ein Jahr später, nach Abgabe der britischen Mandatsmacht. Und die UNO beschloss schon 1947, Palästina zu teilen, konnte sich aber nicht durchsetzen. So eskalierte der Konflikt weiter. Und im Herbst 2023 brach nach dem grauenvollen Anschlag der Hamas auf israelische Zivilist:innen ein neuer Krieg aus, bei dem Tausende palästinensische Zivilist:innen ihr Leben verloren.

Du interessiertest dich schon früh für den Nahen Osten und plädiertest bald einmal dafür, die Rechte der palästinensischen und jüdischen Bevölkerung zu achten und die Zweistaaten-Verhandlungen weiterzuführen. Das Oslo-Abkommen (1993) sieht das ja so vor. Aber seit gut einer Dekade sind Friedensgespräche weitgehend ausgesetzt.

Unsere Eltern hofften innig auf eine friedliche Zukunft. Sie reisten 1966 ins »Heilige Land Palästina«. Im Nachruf auf unsere Mutter erinnert unsere Schwester Christa 2007 daran. Flora erzählte noch im hohen Alter davon, wie sie am 18. Jahrestag von Israel nahe bei der späteren Ministerpräsidentin Golda Meir und David Ben-Gurion, der die zionistisch-sozialistische Arbeiterpartei mitbegründete, auf einer Tribüne saß. Als erster Premierminister lehnte Ben-Gurion zunächst Friedensverhandlungen mit dem palästinensischen Volk ab, das er ignorierte.

1967 deklarierte Ben-Gurion indes, kein arabisches Land mehr annektieren zu wollen. Und er warnte vor dem späteren Ministerpräsidenten Menachem Begin (ab 1977), gegen den schon die Philosophin Hannah Arendt und der Physiker Albert Einstein protestiert hatten. Sie warfen ihm in einem offenen Brief (*New York Times,* 4.12.1948) vor, mit seiner »Freiheitspartei« terroristische und rechtsextreme Tendenzen zu unterstützen und ein Massaker in einem wehrlosen arabischen Dorf zu vertuschen, bei dem 240 Männer, Frauen und Kinder umkamen. Du hast dich mit alledem beschäftigt. Und heute leiden wiederum Abertausende Zivilpersonen. Gleichwohl wird der Terrorismus primär militärisch bekämpft. Camp David (1978) ist passé. Auf internationalen Druck willigte damals sogar Begin überraschend zu Friedensverhandlungen mit dem ägyptischen Präsidenten Anwar as-Sadat ein.

*

Zurück nochmals zu deinem Geburtsjahr. 1947 stehen in Nürnberg ehemalige Kriegsverbrecher wegen Gräueln an der jüdischen Bevölkerung vor Gericht. Und in Nordrhein-Westfalen verabschiedet die CDU das gemeinwirtschaftlich orientierte Ahlener Programm.

Ein maßvoller Kapitalismus sollte auf der Grundlage christlicher Soziallehre das Gewinnstreben überwinden und die Schwerindustrie sozialisieren. Das alarmierte die britische Besatzung. Sie reaktivierte ehemalige Kader der Nazipartei (NSDAP) und vermittelte Einzelnen einflussreiche Posten. Dies in Übereinstimmung mit der US-Politik, die gemäß Truman-Doktrin und Containment-Politik die Kriegskoalition mit der Sowjetunion beenden und die Macht der UdSSR eindämmen wollte. Der Kalte Krieg hatte begonnen.

Bettina Wegner kam übrigens ebenfalls 1947 zur Welt. Ende August 2022 zeigte das Basler Stadtkino einen Dokumentarfilm über sie, die Berliner Liedermacherin. Bettina Wegner wächst, in Westberlin geboren, in Ostberlin auf und engagiert sich noch heute für eine friedliche sozialistische Zukunft. In Gedanken verbringe ich diesen Filmabend im Stadtkino mit dir. Das kommt ab und zu vor. Ich wünsche mir dann sehr, du wärst dabei.

Bettina Wegner protestiert 1968 wie du gegen den Einmarsch russischer Truppen in Prag und muss zur Strafe in die Produktion. 1976 solidarisiert sie sich mit Wolf Biermann, 1983 folgt ihre Ausweisung. Sie geht widerwillig und fühlt sich im Westen »nie so beheimatet«. (taz, 23.12.2022) Die Frage »Wie geht es dir?« sei hier in der Regel nicht ernst gemeint.

Wenn ich übrigens immer wieder erwähne, wer sich heute noch engagiert, dann klingt das wohl etwas vorwurfsvoll. Und das ist ja auch so gemeint. Allerdings gegenüber uns beiden. Ich hadere schon damit, dass du dich so früh zurückgezogen hast. Aber wir lebten lange genug zusammen und hätten Unstimmiges gründlicher angehen können, statt etwas simpel zu psychologisieren oder zu politisieren. Ja, in frühen Jahren lasteten wir sogar Liebeskonflikte dem Kapitalismus an, weil er soziale Beziehungen egomanisch strapaziert. Das trifft zwar zu, erklärt aber nicht alles.

*

In der Schweiz gründet der österreichische Ökonom Friedrich Hayek 1947 die Mont-Pèlerin-Gesellschaft. Er schwört nun seinem jugendlichen Faible für den Sozialismus ab und propagiert eine liberale Marktwirtschaft.

Die Schweizer Stimmberechtigten beschließen, 1947 eine Alters- und Hinterbliebenen-Versicherung (AHV) einzuführen. Nach erlebter Not im Zweiten Weltkrieg unterstützen Freisinnige das sozialdemokratische Postulat. Die Christlichdemokratische Volkspartei hält zunächst dagegen.

Nach 1973 verteidigt Hayek den chilenischen Diktator Pinochet, der die demokratisch gewählte Allende-Regierung wegputschte und eng mit Schweizer Unternehmen kooperierte. Der Bundesrat will keine chilenischen Flüchtlinge aufnehmen. Die Freiplatzaktion protestiert und wird diffamiert. Für die Aufnahme jüdischer Flüchtlinge gegründet, bietet sie auch hier Hand und setzt sich durch. (NZZ, 11.9.2023)

Du demonstrierst auf dem Basler Barfüsserplatz gegen den Putsch in Chile. Dein Studienfreund Jürg Weis ist mit

einem frei wählbaren Thema. Das »kaum bemerkbare Insekt ist von außerordentlicher Zärtlichkeit«. Eines »trippelt« dir über deinen nackten Arm. »Hui, wie das kitzelt.« Und »Die feinen, durchsichtigen Flügelchen glitzern im lieblichen Sonnenschein. Jetzt reibt sich das Tierlein wie beim Händewaschen die Vorderpfötchen, kribbelt und krabbelt mit seinen sechs feinen, dünnen Beinchen behende über kleine Hindernisse ...« Doch: »Warum wird es von vielen Menschen getötet?«

»Etwas melancholisch« stimmt dich die folgende Jahreszeit. »Es herbstet«, so heißt dein nächster Aufsatz. Dann folgt: »Im Theater«. Du sitzt »fröhlich im ratternden Zug«. Auf geht's, zu *Peterchens Mondfahrt* ins Basler Stadttheater. »Der Vorhang teilt sich«. Zwei Kinder »liegen in ihren lieblichen Bettlein« und »lernen von einem Maikäfer fliegen«.

Deine Aufsätze vermitteln Kinderwelten. Doch woher rühren deine niedliche Sprache und rege Fantasie? Vermutlich von deiner ausgiebigen Lektüre und deiner Mutter. Sie lässt sich von dir und deinen fünf Geschwistern oft bitten, selbsterfundene Geschichten zu erzählen, die sie geistreich ausschmückt. Du hörst gerne zu, verträumt und verzaubert.

»Wir sind eine achtköpfige, fröhliche Familie, in der für Unterhaltung gesorgt ist. Unsere Mutter behandelt uns liebevoll und ist eine stille, fleißige Frau. Mein Vater ist meistens fort.« So beginnt dein zwölfter Aufsatz, »Meine Familie«, in der zweiten Hälfte des ersten Realschuljahrs. »Bei meinem älteren Bruder Walter«, fährst du fort, »stille ich meinen Wissensdurst«. Und du staunst, »was bei uns in einem Tag nicht alles geleistet wird«. Auch mit all den klar geregelten Ämtli. Und wenn wir beim Abwaschen

streiten, »schmettern wir zu guter Letzt ein Lied in die Küche hinaus, und der Friede ist wieder hergestellt«.

Idyllisch ist dann auch »Unser Weihnachtsfest« im dreizehnten Aufsatz. »Wir bewundern mit leuchtenden Augen den flimmernden Christbaum, singen, musizieren und hören Geschichten. Leider ist die Zeit rasch vorgerückt, und wir öffnen, eins nach dem andern, die Päckchen und freuen uns über die Geschenke. Was da nicht alles zum Vorschein kommt. Ich bin mit dem Meinen vollauf zufrieden und bekomme von meinen Eltern ein Hemd, Honig und eine Mappe.«

Die Mappe ist »fast wie neu«. Sie erfüllt dich »mit Stolz«. Aber du hast eine andere gewünscht. Das treibt dir Wasser in die Augen. Es sind keine Freudentränen. Und du sagst sogar, warum. »Undankbar«, wie Vater kommentiert. Das verschweigst du im Aufsatz. Du lässt weg, was das Bild der perfekten Familie trüben könnte.

*

1960 kommst du ins zweite Realschuljahr. Nun beginnt der Griechischunterricht. Und Pfarrer Balscheit aus Läufelfingen, ein Bekannter unseres Vaters, führt dich schon ein wenig in die hebräische Sprache ein. Er ist eine Schlüsselperson für dich und schenkt dir auch Störigs *Kleine Weltgeschichte der Philosophie* (Stuttgart 1950), die du später »gründlich durchackerst«. Das »Werklein« umfasst mehrere hundert Seiten und spricht dich und andere an. Eine Million Exemplare sind verkauft.

Balscheit imponiert dir, weil er bereits 1931 vor den aufkommenden Nazis fliehen musste, sich dann in der Schweiz

während mehreren Jahren für die religiös-sozialistische Zeitschrift *Neue Wege* engagierte und als Sozialdemokrat von 1947 bis 1967 im Landrat, dem basellandschaftlichen Kantonsparlament, politisierte, den er eine Zeitlang auch präsidierte.

Mit deinem Deutsch- und Geschichtslehrer, Doktor N., verstehst du dich ebenfalls gut. Er lädt dich hin und wieder zu einer privaten Konversation ein. Wie früher schon deine ältere Schwester Elisabeth. Sie hat vorgespurt und knüpft, was du dann auch tust, viele Kontakte außerhalb der Familie.

Die Haushälterin von »Herr Doktor N.«, diese Anrede ist unabdingbar, tischt Tee und Gebäck auf. Und du bekommst Goethes Briefwechsel mit Schiller und eine Schallplatte mit Sokrates' letzter Rede ausgeliehen. Der griechische Philosoph hält sie, bevor er den Becher anhebt und das tödliche Gift trinkt. Du hörst dir diese Stelle mehrmals gebannt an.

Du bist in der Realklasse, wie sie damals hieß, ein neugieriger Schüler, der leicht lernt und die Eltern mit guten Noten erfreut. Sie legen Wert darauf, dass ihre Kinder es einmal besser haben sollen als sie. In einer Nachbarsfamilie ist das umgekehrt. Bei ihr spüren die Kinder das heimliche Verbot, über die Eltern hinauszuwachsen. Das ist dir schleierhaft.

*

Am Familientisch erheiterst du die Gemüter, indem du Witze erzählst und allerlei Leute nachahmst. Zum Beispiel Onkel Emil, Vaters Bruder, der jährlich ein paar Tage zu

Besuch kommt, stundenlang Harmonium spielt und manchmal dazu singt.

Alle atmen auf, wenn Onkel Emil aufsteht und »ein wenig spazieren« geht. Vermutlich direkt ins Wirtshaus. Bloß um seine »Stimmbänder zu ölen«, rechtfertigt er sich, darauf angesprochen. Aber kaum zurück, greift er erneut in die Tasten. In Fribourg sei er ein gefragter Organist. In Sissach zu Gast, kollert ihm ab und zu eine sentimentale Träne über die Wange.

Unrasiert und ungekämmt, ähnelt Onkel Emil einem Clochard oder dem von ihm hochverehrten Ludwig van Beethoven, der einst in gehobenen Kreisen verkehrte, chaotisch in verluderten Bruchbuden hauste, wegen einem Gehörleiden seine Karriere als Klaviervirtuose beenden musste und 120 Jahre vor deiner Geburt in Wien starb. Dein späteres Aussehen erinnert an beide, an Emil und Ludwig.

Alle lachen auf, wenn du Onkel Emil imitierst: peinlich weinerlich. Du spielst damit zugleich auf Vater Samuel an, der sich selbst ein wenig bemitleidet, wenn er von seiner misslichen Kindheit erzählt.

Beim Abendbrot diskutierst du gerne politische Fragen. Du gibst den Ton an, bist gut informiert. Manche sehen dich schon als Bundesrat. Diese Erwartung befördert und behindert deinen Werdegang. An Festen imponieren deine akrobatischen Einlagen. Einmal machst du, mutig und vorwitzig, einen Handstand auf einem Balkon- und Treppengeländer. Stine Geiger, deine Mitschülerin in der Realschule, erlebt dich allerdings »eher zurückhaltend, auch uns Mädchen gegenüber«, erzählt sie später.

*

Du beginnst nun auch, Handball zu spielen. Das packt dich. Und du lässt nach frühen sportlichen Erfolgen viele Kelche, die mit Champagner gefüllt sind, an dir vorbeiziehen. Du tippst sie bloß an und reichst sie direkt weiter. Zuerst, weil du zu jung bist, um Alkohol zu konsumieren, später lebst du »aus Prinzip abstinent«. Bis zu deinem 20. Lebensjahr.

Am 11. Februar 1964 bist du, bald siebzehnjährig, im Handballclub Sissach »ein vielversprechender Nachwuchsmann«. Du spielst im Aufbau und ihr gewinnt die Handballmeisterschaft in der interregionalen 1. Liga. Das bedeutet Aufstieg in die Nationalliga B. Die *Volksstimme* attestiert dir »mächtige Fortschritte«. Du gehörst laut »ewiger Rangliste« zu jenen drei, die für Sissach über hundert Mal in der Nationalliga gespielt haben. Danach wechselst du zu einem Basler Club. Wir beide bestritten übrigens 67 Nationalligaspiele zusammen und harmonierten bestens.

Nach dem Spiel gegen den TV Kaufleute Basel schrieb die *Volksstimme* (am 7.12.1968): »Mit kurzen wirbligen Schritten und Körpertäuschungen ließ der große Reißer und Spielmacher Mark Mäder die KV-Verteidiger ins Leere laufen, und kam er einmal nicht durch, so überraschte er die Gegner mit einem Distanzschuss, der als Aufsetzer ebenfalls im Netz landete.« Vom vorgängigen Auswärtssieg gegen Zofingen heißt es: »Eine Glanzpartie lieferte nach der Pause Mark Mäder mit seinen fünf Toren.« Das waren keine Ausnahmen und das Erinnern tut weh. Denn du warst sportlich »zwäg«, friedenspolitisch aktiv und sprachst so ganz unterschiedliche Leute an. Auch mehrere Handballer kamen im November an deinen Prozess wegen Dienstverweigerung nach Sursee und nahmen sogar nach der Verurteilung an einer spontanen Demonstration teil.

Das war ein hoffnungsvoller Aufbruch. Er hielt jedoch nicht an, trotz »aufgestellter Zeit«.

Am 17. Dezember 1968 lud uns in Bern (nach dem Spiel gegen den Handballclub TSG) deine damalige Freundin Ruth zu sich in ihre Blockwohnung ein. Wir redeten mit ihr und Teamgefährten eingehend über gesellschaftliche Fragen. Die Psychologin wanderte nachher in einen Kibbuz nach Israel aus. Du schlugst diese Option für dich aus. Damals bliebst du aber noch über Nacht bei ihr. Uns übrige verabschiedete sie nach Mitternacht mit der Bitte, still die Treppe runterzugehen. Und wir beherzigten ihren Wunsch in damals typischer Weise. Ein mitreisender Fan blieb auf einem Absatz stehen, winkte uns zu sich, machte noch ein Schlosszeichen vor den Mund und erzählte dann einen Witz. Wir lachten alle schallend. Und dir wird das wohl peinlich gewesen sein. Aber das Ereignis illustriert, wie so ein Team ab und zu funktioniert, interessiert diskutiert und dann auch wieder regrediert.

Zum letzten Mal spielten wir beide Ende 1971 gegen ATV Emmenbrücke zusammen. »Obwohl gleichzeitig ein Durbridge-Krimi im Fernsehen war, fand sich eine ansehnliche Menge Leute in der Militärhalle Liestal ein, welche durch ein Handballspektakel belohnt wurde«, berichtete die *Volksstimme* (vom 3.12.1971). Ich landete eine Minute vor Schluss nach einem Kinnhaken im Spital. Und du versenktest danach den matchentscheidenden Penalty.

*

»Markus, unser lieber, immer fröhlicher und humorvoller Bub, hat nun die Realschule hinter sich und die Prüfung fürs Gymnasium bestanden«, notiert Mutter Flora am 14. Februar 1963 ins Tagebuch, das sie mit Samuel zusammen führt. Du trittst also 1963 in die neu eröffnete Mittelschule in Liestal ein. Der Unterricht findet in provisorisch errichteten Barracken statt, die heute noch stehen.

»Zwei Wochen im Gymnasium«, heißt dein erster Aufsatz. »Im Bahnabteil«, schreibst du, »sehe ich nicht nur altbekannte Gesichter, sondern komme mit Menschen jeden Berufs und Standes zusammen. Ich liebe es, diese Leute zu beobachten und erlange so Menschenkenntnisse, die mir später einmal zugutekommen werden.« Dass das neue Gymnasium im alten Spital seinen Anfang nimmt, »dessen Mauern so viel Leid und Not mit angesehen und so manchen Seufzer angehört haben«, das verpflichte dich, »nicht nur für mich und mein eigenes Vorwärtskommen zu lernen, sondern auch im Hinblick auf die arme, leidende Menschheit«, schreibst du. Dein Aufsatz kommt »einwandfrei« daher, aber »Sie haben eine gewisse Tendenz«, begründet der Lehrer seine Fünf, »das Verb hinten nachklappen zu lassen, was Ihrer lebendigen Sprache den letzten Fluss nimmt.«

Das nächste Aufsatzthema, »Zufall oder Schicksal?«, behandelst du »lieber aus christlicher, denn bar rationaler Sicht«. Du erörterst zuerst, wie sich die Gelehrten Luther, Erasmus und Zwingli mit der Prädestination auseinandersetzen. Dann hältst du den menschlichen Willen hoch, sich selbst für das Gute oder Böse zu entscheiden, selbst wenn es eine göttliche Vorsehung gebe. »Weder Zufall noch Schicksal«, lautet dein Fazit. Denn die Güte des Herrn müsse doch »den Menschen eine Chance geben, sich zu bewähren«. Deine »sehr gründliche Arbeit« gelingt. Und du lässt offen, wie du zur christlichen Sicht stehst. Du hast sie bei unseren Eltern kennengelernt, eindrücklich und bescheiden, aber stets bezweifelt.

*

Das aktuelle Weltgeschehen interessiert dich. »Ich bin ein Berliner«, sagt US-Präsident John F. Kennedy am 26. Juni 1963, dem 15. Jahrestag der Eröffnung der Berliner Luftbrücke. Sie diente während der sowjetischen Blockade Westberlins der Versorgung der Stadt.

Weniger Beachtung findet, was Philosoph Arnold Künzli in der nonkonformistischen Zeitschrift *Neutralität* (2/1963, 1) diskutiert: Kennedys Aufruf zur »Umkehr« im Kalten Krieg. Der amerikanische Präsident will eine neue Ära der Weltpolitik einleiten. Er verkündet das am 10. Juni 1963 an der Amerikanischen Universität Washington, D.C., fünf Monate, bevor er ermordet wird.

Im folgenden Heft titelt Künzli »Rettet die Freiheit vor dem Anti-Kommunismus« (*Neutralität* 3/1963, 2). Du entdeckst den politischen Philosophen aber etwas später. Du beginnst 1966 dein Studium mit Veranstaltungen beim neu lehrenden Künzli, der 1984 emeritiert.

Martin Luther King imponiert dir schon in dieser Zeit am Gymnasium mehr als Kennedy. »I have a dream«, sagt der Bürgerrechtler am 28. August 1963 vor dem Lincoln Memorial in Washington, D.C. 250 000 Schwarze sind zugegen. Sie beteiligen sich am Protestmarsch für Arbeit und Freiheit.

Pastor King ist der 17. Redner. Die Sängerin Mahalia Jackson steht in seiner Nähe und ruft ihm zu: »Erzähle von deinen Träumen, Martin.« King nimmt die Anregung auf. »Ich habe einen Traum«, räsoniert er, »dass meine kleinen Kinder einst in Freiheit leben«.

Kennedy empfängt King mit den Verantwortlichen des Marsches; weniger als drei Montate später, am 22. November 1963, wird er erschossen. Keine fünf Jahre danach, am 4. April 1968, folgen tödliche Schüsse auf Martin Luther King.

*

Du wählst am Gymnasium den Typus A mit Hebräisch. Alte Sprachen interessieren dich. In deiner Freizeit gehst du klettern, spielst Handball, trainierst ein Juniorenteam und leitest eine Jugendgruppe des Blauen Kreuzes.

Die meisten Buben der Jugendgruppe kommen aus einfachen Verhältnissen. Du erzählst, wie der körperlich beeinträchtigte John Franklin die Langsamkeit und die Arktis entdeckte. »Ja, wer etwas langsam angeht und aus verschiedenen Perspektiven betrachtet, sieht mehr«, erklärst du. Du trägst eine Brille mit dicken Gläsern. Dein Sehvermögen ist leicht eingeschränkt, aber »John Franklin lehrt uns, wie sich Not in eine Tugend verkehren lässt«. Er kontrastiert auch die »Zeit ist Geld«-Maxime von seinem Namensvetter Benjamin Franklin. Mit Bezug auf Armut schränkt John Franklin allerdings weitsichtig ein, dass es auch eine Langsamkeit gibt, die nicht sehend ist, sondern blind.

In den Ferien organisierst du abenteuerliche Lager am Blausee und anderswo; auch am Schwarzsee im Freiburgischen, erinnert sich der Journalist Andreas Bitterlin. »Mein Vater, der sich als engagierter Politiker wenig um mich kümmerte, wollte wissen, ob er mich Markus anvertrauen darf, und hat ihn zum Nachtessen eingeladen. Mein Vater war sehr belesen und hatte viele Bücher. Markus hat sie interessiert begutachtet und mit meinem Vater darüber diskutiert. Das hat meinen Vater beeindruckt, und er war begeistert, dass ich mit Markus in die Ferien verreisen durfte.«

Wir zelten auch einmal im glarnerischen Klöntal, wo wir im Sommer sonst öfters Familienferien verbringen. Hier vor allem mit Baden, Spielen und Wandern, anders als im bündnerischen Bergdorf Monstein (in der Landschaft Davos). Da hält uns Vater Sämi manchmal dazu an, den Einheimischen beim Heuen zu helfen.

Mehrere Buben fahren mit dem Velo ins Klöntal. Das ist eine ganztägige, anstrengende Tour: von Sissach nach Richisau. Abends erzählst du wiederum spannende Geschichten. Zum Beispiel vom Waisenjungen Oliver Twist oder wie die Afrikaforschenden Livingstone und Stanley die Quellen des Nils suchen und sich am Tanganjikasee begegnen. Wir hängen an deinen Lippen. Auch Fred, der aus einer Anstalt in eine Pflegefamilie nach Zunzgen kam. Er kennt seine Eltern kaum, ähnlich wie Oliver Twist, mit dem er mitfiebert. Weil Oliver um mehr Nahrung bittet, muss er zur Strafe in den Kohlenkeller. So ungerecht. Kaum fassbar. Du problematisierst auch, dass der Verbrecherkönig, der die Kinder zum Klauen anhält, in Charles Dickens' Text immer wieder »der Jude« genannt wird.

»Unser« ehemaliger Anstaltsbub Fred angelt am folgenden Tag mit einer selbstgebastelten Haselrute einen Hecht, der einen Meter lang ist. Auf dein Geheiß muss er den verbotenen Fang wieder ins Wasser werfen. Fred protestiert.

Alle Jugendlichen halten zu ihm. Du spürst meinen Loyalitätskonflikt. Regelst den Konflikt ruhig. Der Hecht geht ins Wasser zurück. Und am Abend sitzen wir wieder alle mit offenen Ohren am Lagerfeuer. Auch Fred.

Du erzählst nun die Geschichte vom verschollenen Missionar und Afrikaforscher David Livingstone und vom britisch-amerikanischen Journalisten Henry Morton Stanley, der ihn im Auftrag einer Zeitung und der englischen Krone sucht. Livingstone verabscheut die Sklaverei, entdeckt die Viktoriafälle und erkundet den Oberlauf des Nils. Stanley sucht, unter misslichen Verhältnissen aufgewachsen und von Alkoholikern drangsaliert, das Abenteuer und gute Stories, die er gerne etwas frisiert. Er berichtet denn auch, wie er im November 1871 in der Nähe des Tanganjikasees den völlig entkräfteten Livingstone aufspürt.

Du schilderst, wie sich die beiden endlich treffen und per Handschlag begrüßen. Wir freuen uns mit. Du berichtest spannend, bist immer aufseiten der Gerechten und dafür, »Einheimischen« respektvoll zu begegnen. In Ansätzen sensibilisierst du uns schon ein wenig dafür, was Paternalismus und feiner Rassismus bedeuten.

Du berichtest an einem folgenden Abend auch von der sowjetischen Geheimrede, die Nikita Sergejewitsch Chruschtschow, der Erste Vorsitzende der Kommunistischen Partei, 1956 am 20. Parteitag hält. Chruschtschow deckt Stalins Verbrechen auf und leitet eine friedliche Koexistenz mit dem Westen ein. Acht Jahre später folgt sein unfreiwilliger Abgang, 1964 von der Regierung, 1966 vom Zentralkomitee. Wir diskutieren darüber, was wohl dahintergesteckt haben könnte und spielen fantasierte Dialoge nach.

Und heute, seit Februar 2022, spekulieren mit dem erschreckenden russischen Angriffskrieg auf die Ukraine wohl viele darüber, warum Chruschtschow dafür gesorgt hatte, der Ukraine die Krim zu überlasen. Angeblich, um mit der überwiegend russischen Bevölkerung die Bande zur Sowjetunion zu stärken.

Bedauerlich ist jedenfalls, dass sich die eingeleitete und später von Gorbatschow aufgenommene Politik der Entspannung nach dem Ende der Sowjetunion wieder verhärtete. Und so nimmt denn die zwischenzeitlich etwas gedrosselte Aufrüstung wieder stark zu. Das würde dich umtreiben.

*

»Frieden schaffen ohne Waffen«, dafür plädieren derzeit etliche Friedensbewegte. Ein *Spiegel*-Journalist wirft ihnen »Lumpen-Pazifismus« vor. Aber warum? Probleme lassen sich doch nicht mit jenen Mitteln bewältigen, die sie verursachen. Das würdest du wohl dazu sagen. Und auch damit argumentieren, dass mehr Waffen die weltweite Bedrohung erhöhen. Der *Spiegel*-Artikel erschien übrigens am 20. April 2022. An diesem Tag hätten wir wohl zusammen im Gasthof Alpbad deinen 75. Geburtstag gefeiert. Jetzt ist es nahezu der 9. Todestag.

Nach den Anschlägen auf das World Trade Center (11.9.2001) lancierten die Vereinigten Staaten (USA) einen Kampf gegen den Terror, der allein im Irak eine Million Menschenleben forderte. Blockfreie Staaten kritisierten die USA dafür, sich wie eine Weltpolizei über Völkerrecht zu erheben. Sie verurteilten daher bei den Vereinten Nationen

(UNO) zwar ebenfalls den russischen Angriff auf die Ukraine, ohne jedoch Sanktionen zu befürworten.

Zu Beginn des 21. Jahrhunderts bestand noch Hoffnung, sich in der Organisation für Sicherheit und Zusammenarbeit in Europa (OSZE) zu verständigen, die viele Konflikte friedlich löst. Politisch wieder zu verhandeln, ist bitter nötig. Aber wozu und mit welchem Ziel? Das fragen heute viele. Und würde dich irritieren.

Mit mehr Kompetenzen ausgestattet, könnte die demokratisch legitimierte UNO wirksamer intervenieren. Die Kritische Friedensforschung, für die du dich engagiertest, plädiert dafür, Probleme stets aus historischer Perspektive mit zu analysieren. Macht- und Verteilungsfragen sind ebenfalls einzubeziehen. Und solange sich Menschen an einer immer größeren Anhäufung von Besitz orientieren, gibt es laut Psychoanalytiker Erich Fromm (*Haben oder Sein*, München 1976) auch Krieg.

»Die gängige Kriegsoptik vernachlässigt die friedenspolitische Selbst-Organisation zivilcouragierter Gesellschaften«, schriebst du vor über einem halben Jahrhundert zur Begründung deiner Dienstverweigerung. Und ja, statt sich und andere militärisch weiter aufzurüsten, muss die Schweiz mehr für den Frieden tun, sagtest du bis zuletzt und plädiertest dafür, endlich das Atomwaffenverbot zu ratifizieren und die Neutralität nicht als Geschäftsmodell zu praktizieren.

*

»Seit gestern bin ich krank«, schreibst du in deinem Tagebuch am 12. Februar 1964. Du bist jetzt siebzehnjährig und bald in der zweiten Klasse im Gymnasium. Du genießt die »inspirierende Ruhe« und sinnierst: »Ja, wenn man aus freien Stücken mehr zum Nachdenken und dazu käme, einstürmende Gedanken zu verarbeiten, dann könnten wir das Gute in uns und unseren Mitmenschen bewusster wahrnehmen und schätzen.«

Und weiter führst du im Tagebuch aus: »Da wir aber den Weg aus unseren Fehlern heraus nicht einfach selber finden können, schauen wir uns nach einem Führer um. Der Schritt zur christlichen Religion ist dann nicht mehr weit.« Nun, deine Zweifel scheinen sich zu verstärken. Da »in unserer Zeit klare Linien gerne verwischt werden«, folgerst du jedoch, »spricht viel für sie«. Und mit sie meinst du offenbar die klaren Linien. Ja, sie seien »irgendwie realistisch und geradezu modern«. Mir scheint, du suchst da deine eigene Linie.

Am Sonntagmorgen telefonierst du deinen Freunden Kurt Breitenstein und Urs Buser. Beide bringen noch je zwei Kollegen mit. Und dann wandert ihr zu siebt »zügig« zum Bischofstein«, einer zerfallenen Burg ob Sissach. Das ist »kein Familien-Spaziergang«, notierst du noch vor Mitternacht ins Tagebuch. Mit den Schneeresten könnt ihr »Schlachten und Ritterspiele größten Formats ausfechten«. Du spürst »die ganze jugendliche Kraft« in dir und genießt »in vollen Zügen die frische Luft«.

Am Montag, 17. Februar 1964, stehst du früh auf. Deine einwöchigen Ferien beginnen. Du willst im Jura Skifahren, aber es regnet. Und, »statt mit dem Schicksal zu hadern«, reflektierst du im Tagebuch darüber, auf wen und worauf du vertraust. Du nennst an dieser Stelle deine Freunde, deine liebe Mutter, und immer noch vertraust du ein wenig auf Gott, der die Welt allerdings »arg auf Probe stellt«. Ja, Vertrauen sei für dich eine wichtige Kraft, schreibst du. »Aber es ist so zufällig und ungerecht, wo wir das Licht der Welt erblicken und wie viel Vertrauen uns begleitet.«

Am Dienstag, 18. Februar, bleibst du laut Tagebuch lange unter der Bettdecke. Du liest Schillers Drama *Maria Stuart* zu Ende und berichtest am Abend in der Bubengruppe darüber. Kaum ist das offene Feuer im Wald entfacht, müssen alle, rund zwölf- bis dreizehnjährig, eine halbe Stunde schweigen. Das ist offenbar dein Alternativprogramm zum fastnächtlichen Treiben im Dorf.

Du erklärst vorab, wie der alte Brauch entstand und was die Fastenzeit im Mittelalter bedeutete. Fasching leite sich aus »Fastenschank« ab und meine den letzten Ausschank alkoholhaltiger Getränke vor der einst streng befolgten Fastenzeit. Alle Buben halten die Stille aus. Du freust dich über uns und hoffentlich auch über dich. Aber aufgepasst: »Stolz ist gefährlich. Er verleitet dazu, sich erhaben zu fühlen«, steht in deinem Tagebuch.

Ich erlebe dich in dieser Zeit allerdings keineswegs erhaben, bibbere mit den andern Jugendlichen am wärmenden Feuer mit, fühle mich dir eng verbunden und vertraue keinem Menschen so wie dir. Das bleibt noch lange so. Und war anfänglich für Esther schwierig, mit der ich seit 1968 zusammenlebe.

Wir hören dir also gebannt zu, starren nach Maria Stuarts Hinrichtung (im 16. Jahrhundert) betreten ins lodernde Feuer und meinen gerade noch wahrzunehmen, wie ihre Konturen verschwinden. Ob sie für das Attentat auf die englische Königin Elizabeth I. mitverantwortlich ist, bleibt offen. Für uns ist Maria Stuart ein mutiges Opfer. Und du bist unser Vorbild.

*

Du steigst 1965, noch relativ klein gewachsen, mit dem Sissacher Handballteam in die Nationalliga auf. Du erhältst auch schon bald ein Aufgebot der Schweizer Juniorenauswahl, spielst in Zofingen gegen Frankreich, trägst ein weißes T-Shirt mit einem roten Schweizerkreuz auf der Brust und schießt den entscheidenden Penalty an den rechten Torpfosten. So bleibt es beim Remis. Dein Brillengestell ist am Hinterkopf mit einem Gummiband aus Mutters Nähkasten zusammengeschnürt. Manchmal verrutscht es im Getümmel, dem du als beweglicher Rückraumspieler meistens geschickt ausweichst.

*

Als »gläubiger Atheist«, wie du nun sagst, beginnst du im Herbst 1966 Theologie an der Universität Basel zu studieren. Du besuchst vor allem auch interdisziplinäre Veranstaltungen. Von Markus Mattmüller über die Geschichte der europäischen Arbeiterbewegung und von Arnold Künzli über die Existenzphilosophie.

Ein Strang führt dich über die Philosophie der Angst von Søren Kierkegaard zu Jean-Paul Sartre, der als Philosoph, Schriftsteller und Individualist die persönliche Freiheit hochhält und eben fragt, was Menschen aus dem machen, was die Gesellschaft mit ihnen macht.

Etliche Nonkonforme pilgern zu Jean-Paul Sartre nach

Paris und diskutieren mit ihm über das »Sein und das Nichts«. Das ist interessant und fördert auch das eigene Renommee.

Jean Ziegler verdankt Sartre und vor allem Simone de Beauvoir den Kontakt zu einem bekannten Verleger. Der Schweizer Soziologe hat das Selbstvertrauen, das nötig ist, um bei diesem prominenten Paar anzuklopfen.

*

Dich beeindruckt Sartres Drama *Die schmutzigen Hände* sowie seine offene Beziehung mit Simone de Beauvoir, die Rägel und du wohl etwas idealisieren.

In *Die schmutzigen Hände* will Hoederer, der pragmatische Kommunist und Parteisekretär, mit einem breiten Bündnis und Kompromiss hunderttausend Menschen retten. Der Zweck heiligt die Mittel. Nein, sagt Hugo, ein libertärer Sozialist bürgerlicher Herkunft. Er will seine Bereitschaft beweisen, die offizielle Parteidoktrin loyal zu vertreten, indem er Hoederer, den »Verräter«, beseitigt. Das tut er allerdings erst nach einem persönlichen Zerwürfnis. Vielleicht aus Eifersucht, weil sich seine Frau Jessica mit Hoederer einlässt; oder um der linientreuen Olga zu imponieren, die sich für ihn, Hugo, einsetzt.

Du denkst viel über den Zwiespalt zwischen dem menschlich Persönlichen und dem politisch Ideologischen nach. Du tust dies mit einem gewissen Verständnis für Notlügen. Hoederers humaner Pragmatismus liegt dir näher als Hugos ideologischer Idealismus. Wir haben viel und doch zu wenig darüber gesprochen.

In ihren späteren Tagebüchern zerzaust de Beauvoir

romantisierte Mythen. Sie eröffnet, wie schwierig es für sie war, sich neben Sartre zu emanzipieren. Die elterliche Moral verlangte, Zwang als Freiheit zu verklären und andere mehr zu lieben als sich selbst.

*

Zu Beginn deines Studiums liest du auch die *Psychographie,* die Künzli (Zürich 1966) über Karl Marx verfasst hat. Er setzt sich damit der Kritik aus, soziale Verhältnisse zu psychologisieren. Der dicke blaue Band umfasst fast neunhundert Seiten.

Künzli will Marx entmystifizieren. Darüber diskutieren wir viel. Das Feeling ist gut. So weltoffen. Du pflichtest Künzli bei. Ja, die Produktionsverhältnisse prägen das Bewusstsein; aber die Psyche wirkt auf das Sein und die ökonomische Basis zurück. Struktur und Kultur sind dialektisch verknüpft.

Politische Ökonomie muss auch alle Formen der Entfremdung einbeziehen und Ambivalenzen zulassen. So lautet in etwa dein Fazit. Was wir verdrängen, beeinträchtigt unsere Aufrichtigkeit. Wenn wir Kritiken an die Adresse unseres eigenen Schattens richten, stärken wir just das, was wir eigentlich freiheitlich überwinden wollen.

*

Restaurative Politik erlebt Arnold Künzli 1966 als Gastdozent an der Freien Universität in Berlin, unmittelbar bevor du dich an der Uni Basel immatrikulierst. Studierende kritisieren die US-Politik in Vietnam, Persien und Lateinamerika. Sie fragen auch, wie sich Dozierende während dem Faschismus verhalten haben. Das Rektorat schränkt, vom Berliner Senat unterstützt, die Mitsprache ein, was Künzli empört und den studentischen Aufbruch weiter befördert.

Leider steckt auch heute noch unter vielen Talaren der Muff von tausend Jahren, kritisiert Künzli. Denn Hochschulen funktionieren wie verlängerte Gymnasien. Lernen, um zu wissen sei Trumpf. Und: »Lehrende verhalten sich wie Dealer; sie denken nur an den Stoff und nennen das Theorie. Mit Praxisbezug sind dann Dienstleistungen für die Wirtschaft gemeint.«

Künzli verknüpft Theorie und Praxis. Das ist auch dir ein zentrales Anliegen, fast ein Lebensmotiv. Du besuchst seine Abendseminare über Friedensforschung. Er hält zudem Vorlesungen über Anarchismus, Marxismus, das Prinzip Hoffnung bei Ernst Bloch und, für dich besonders interessant, über *Die Angst als abendländische Krankheit*. Mit ihr setzte sich Künzli bereits 1948 am Beispiel des dänischen Philosophen Søren Kierkegaard auseinander.

Danach war er lange Jahre Korrespondent in Rom, London und Bonn für die linksliberale Basler *National-Zeitung*.

Künzlis 1965 erschienenes Buch *Vietnam – wie es dazu kam* bewegte die 1968er-Generation, die du in eigener Weise verkörperst. Humanistisch motiviert, fühlst du dich schon in jungen Jahren als alter Moralist. Dich irritiert, wie angesehene Koryphäen soziale Kompetenzen vermissen lassen. Und Künzli? Er war ja einst ein strammer Offizier. Später erinnert noch sein strenger Umgang mit seinem Hund daran. Wir Menschen sind eben Kinder unserer Zeit.

»Aber das rechtfertigt nichts«, pflegtest du zu sagen, ohne dich auszunehmen.

*

Im April 1967 feierst du deinen 20. Geburtstag. Handball, Studium und das Militär beschäftigen dich. Die Rekrutenschule absolvierst du im neu eingerichteten »Sportlerzug«. Danach verweigerst du weitere Dienste für die Armee. Das gibt zu reden. Ich komme später darauf zurück und vergegenwärtige mir zuerst, was dich in dieser Aufbruchszeit inhaltlich bewegt, mit 68 und der politischen Philosophie.

Anno 1968 freut dich der Prager Frühling. Hoffentlich gelingt der demokratische Aufbruch in der Tschechoslowakei (CSSR). Du fieberst mit. Und verteidigst die Konzeption eines demokratischen Sozialismus. Andere Linke lasten den »Aufruhr« kapitalistischen Spaltungsstrategien an.

Im August marschieren Truppen des Warschauer Pakts in der CSSR ein. Du demonstrierst auf dem Basler Marktplatz konsterniert dagegen. Hätten mehr Waffen die Selbstverteidigung gestärkt? Nein, Konflikte lassen sich nicht mit denselben Mitteln lösen, die sie verursachen. Das betonst du immer wieder. Ja, davon bist du überzeugt. Friedliche Alternativen sind gefragt.

*

Du präsidierst schon als junger Student die Fachgruppe Theologie. Und da setzt ihr euch in einer Arbeitsgruppe mit dem Philosophen Ernst Bloch auseinander. Bloch illustriert, wie etwas Neues in die Welt einbricht; eine kulturelle Revolte ohne primär ökonomische Ursache. Sie ist von Menschen getragen, die sich kein Bevormunden und Schurigeln gefallen lassen. Sie wollen aufrecht gehen. Das fasziniert auch den Journalisten Karl Kränzle. Er promoviert 1968 über Blochs *Utopie und Ideologie* (Bern 1970), bevor er jahrzehntelang als Korrespondent nach China und in die USA aufbricht, wo ihr euch mehrmals trefft und anfreundet. Du liest 1968, was Bloch vor fünfzig Jahren zum *Geist der Utopie* (1918) geschrieben hat.

Später begleitet dich Blochs *Prinzip Hoffnung* (Frankfurt a. M. 1954–1959, 1985). Du bewahrst die drei Bände bis zuletzt auf. Trotz oder wegen deiner schwindenden Hoffnung. Die gelblichen Seiten sind mit vielen Randbemerkungen von dir versehen. Und dazwischen geschoben finden sich weiße Zettel mit neueren Notizen.

Karl Kränzle ist »dieses Denken inzwischen fremd geworden«. Heute liest er lieber Blochs literarische Essays über Johann Peter Hebel und Jeremias Gotthelf. Dein Studienkollege Beat Dietschy, der später bei Bloch assistierte, verbreitet dessen Ansätze weiter. Leider ohne dich und viele andere, die aufgegeben haben.

Bloch lebte irgendwie zwischen Stuhl und Bank. Das war dir sympathisch. Dreißig Jahre vor deiner Geburt gelangt der Kriegsdienstgegner ins bernische Exil. 1977 stirbt er. Du bist gerade dreißig Jahre alt. Sein Werk bestärkt dich darin, möglichst viel dafür zu tun, um das herrschaftliche »Verhältnis von Herr und Knecht« zu überwinden.

*

»Soyons réalistes, demandons l'impossible!«, sprühen im Mai 1968 Pariser Studierende an die Mauern. »Seien wir realistisch, verlangen wir das Unmögliche.« Aber eben, das revolutionäre Prinzip Hoffnung ist keineswegs frei von Trauerflor. Darauf weist dich 1968 wiederum der politische Philosoph Arnold Künzli hin. Mit Blick auf den »Donnerschlag von Prag«. So benennt er die Besetzung der Tschechoslowakei durch Truppen des Warschauer Pakts. Hoffnung und Erschütterung befinden sich im Widerstreit.

Künzli lehrt bis 1984 an der Philosophisch-Historischen Fakultät und stirbt im März 2008 nach einem tragischen Treppensturz. »Eine Aufklärung, die sich selbst nicht ständig kritisch und ideologiekritisch über die Schultern schaut, ist nur eine halbe«, schreibt er 1989. Du ziehst dich in diesem Jahr bereits aufs Land zurück. Er veröffentlicht nun sein Buch *Rettet die Freiheit – vor ihren Beschützern* und setzt darin seine politischen 1988er-Aufzeichnungen fort: »Es ist an der Zeit, radikal zu denken.« Künzli hält sich bis zuletzt an diese Maxime. Andere, die seinen Reformismus kritisierten, sind längst konform eingespurt. In seinen Seminaren flogen manchmal die Fetzen. Die harschen Kritiken haben ihn sehr verletzt. Und er hat sich in der Fakultät für diese Studierenden energisch eingesetzt.

Du bleibst dem Humanen Sozialismus immerhin gedanklich eng verbunden. Ja, du verteidigst ihn sogar je länger desto radikaler; gibst dich aber persönlich schon recht früh auf. Die geldgetriebene Politik erzürnt dich. Du lässt dich von ihr zermürben und tust ihr so viel Ehre an. Aber da spielt noch anderes mit.

*

An der Uni wählst du, 1966 eingeschrieben, Theologie. Philosophie und Geschichte interessieren dich eigentlich noch mehr. Sport nimmst du als zweites Fach. Das offizielle Curriculum sieht zwar kein solches Doppelstudium mit zwei Schwerpunkten vor. Aber irgendwie arrangierst du das. Die Kombination ist jedenfalls aufwendig. Zumal du dich auch sonst eifrig engagierst. Mit der studentischen Fachgruppe für eine Theologie der Befreiung und mit der Internationale der Kriegsdienstgegner (IDK) für eine Schweizerische Friedenspolitik, zusammen mit Arthur Villard, der 1967 die größte Vietnamkundgebung der Schweiz und den Ostermarsch von Biel nach Bern mitorganisiert. Du solidarisierst dich mit ihm.

Villard ist bereits fünfzigjährig. Nachdem er seinen letzten Wiederholungskurs verweigert hat, entzieht ihm der Bieler Stadtrat, in dem er lange selbst mitpolitisiert hat, die Lehrberechtigung. Eure Proteste helfen mit, diesen Entscheid rückgängig zu machen. In Ins kommt es bei einer Solidaritätskundgebung zu handgreiflichen Auseinandersetzungen. Bauern spritzen Jauche auf Demonstrierende, die dagegen protestieren, dass Villard in Witzwil eine 45-tägige Haftstrafe verbüßen muss. Die Polizei ist präsent und schaut zu.

Villard bekommt noch eine Buße und eine bedingte Arreststrafe von einem Monat für eine Rede, an der er zur Dienstverweigerung ermuntert haben soll. Später setzt er sich für Migrierte und landwirtschaftliche Kooperativen ein, die aus der sozialen Longo-Mai-Bewegung hervorgegangen sind.

2017 wäre Arthur Villard hundert Jahre alt geworden, du siebzig. In Biel gedenken ehemalige Mitstreitende seiner.

Andere legen rote Rosen und Kerzen auf das Steinbeet deines Grabes. Aber so weit ist es noch nicht.

*

Du besuchst 1967 die Rekrutenschule (RS) im Infanterie-Sportlerzug in Liestal, zusammen mit deinem Freund Walter Mundschin. Er ist Libero beim FC Basel und im Nationalteam. Im Spiel gegen Schottland gelingt ihm später (1973) das entscheidende Tor. Die Schweiz gewinnt eins zu null. Nachher erhält Walter kein Aufgebot mehr für die Nati. Und erfährt nie warum. Wusstest du das? Er erzählte mir erst kürzlich im Sissacher Kulturbistro Cheesmeyer davon, wie ihn das beschäftigte.

Du verweigerst nach der RS den militärischen Wiederholungskurs. Das Gericht verurteilt dich zu zweimal drei Monaten Haft und schließt dich nach der zweiten Verhandlung vom Heer aus. Aus Sympathie und freien Stücken verteidigten dich der bürgerliche Rechtsprofessor Frank Vischer und dein Theologieprofessor Max Geiger.

Deine Verweigerung gibt im erweiterten Kader des Nationalteams zu reden. Ostschweizer Sport- und Militärfunktionäre befürchten, dein Beispiel könnte den Wehrwillen des Nachwuchses beeinträchtigen.

Das Divisionsgericht billigt dir immerhin ethische Motive zu. Aber du erwartetest wohl einen Freispruch. Das nahm unsere Schwester Christa so wahr. »Ich war dabei und litt mit ihm, als er mit rot geränderten Augen den Saal nach dem Urteilsspruch verließ«, erläutert sie mir. »Markus/Marco verstand Gott und die Welt nicht mehr, dass seine hoch moralischen Argumente und diejenigen von

Max Geiger nicht die nötige Wirkung hatten. Markus/Marco hatte einen Freispruch erwartet. Ueli, du ordnest das Ganze sofort theoretisch ein. Mir fehlt dabei dieser andere, persönliche Aspekt.«

Nun, du sagst während der Verhandlung, der Staat sei für die Menschen da, nicht umgekehrt. Und betonst: »Ich lebe gerne in der Schweiz, ohne Stolz darauf, ein Schweizer zu sein.« Die *National-Zeitung* berichtet (am 26.11.1968) darüber und druckt (am 29.11.1968) aus vielen Zuschriften eine Auswahl ab. Du seist ein »Drückeberger und Minimalist«. So lautet ein Vorwurf. Er bezieht sich auch auf die Aussage des Auditors, du hättest laut dem Führungsbericht über die Rekrutenschule »das Zeugs« gehabt, eine militärische Karriere zu machen. Du antwortest dann (in der *National-Zeitung* vom 7.12.1968) global: »Wir laufen Gefahr, zu resignieren und an uns selbst zu verzweifeln. Wir haben Angst vor der Zukunft, weil wir uns dieselbe nicht anders, höchstens schrecklicher vorstellen können«, schreibst du. Und: »Ich halte es aber für die dringlichste Forderung unserer Zeit, dass in Hoffnung auf Frieden, nicht aus Angst vor neuem Unheil, etwas getan wird.«

*

»Ich lasse mir sozusagen in die Karten blicken«, kommentierst du die Urteile und erläuterst weiter: »Ich habe mich zwei Mal geweigert, einen WK zu absolvieren. Ich bin zwei Mal zu einer Haftstrafe verurteilt worden. Wo ein Urteil gesprochen, wo eine Strafe verhängt wird, da liegt ein Verschulden vor. So wollen es die Grundsätze der Rechtsprechung. Ich habe ein geltendes Recht verletzt. Ich bin schuldig. Das erstaunt mich, denn ich fühle keine Schuld auf mir lasten. Und doch ist es so, ich bin schuldig. Es steht im Protokoll meiner letzten Gerichtsverhandlung. Da stimmt etwas nicht.«

Und am Schluss fügst du noch an: »Ich kann meine Augen nicht länger davor verschließen, dass wir nicht zuletzt deshalb zu den reichsten Nationen gehören, weil wir es verstehen, Gewinne aus dem Handel mit unterentwickelten Ländern zu schlagen, weil wir mit Waffen Handel treiben. Ich sehe, wie unser Profitdenken die vielgerühmten humanitären Ziele der Schweiz zu schönen Worten werden lässt.« Soweit ein kurzer Auszug aus deinem langen Text, zur Erinnerung. Du warst enttäuscht und doch voller Hoffnung.

Schade, hast du später nicht mehr erlebt, wie die NZZ-Redaktorin Lea Haller in ihrem Buch über den *Transithandel* (Berlin 2019) das *Wirtschaftswunder Schweiz* (Zürich 2011) ebenfalls stark relativiert, das ein früherer NZZ-Journalist (Gerhard Schwarz) mitpubliziert hat. Die erzwungene Arbeitsteilung stellte laut Haller »natürliche Rohstoffe« in südlichen Kontinenten »unter Kontrolle« imperialer Mächte. Viel Gewalt und Tricksereien sicherten sie für unsere Industrialisierung. Unser kleines Land wirkte als »koloniale Macht ohne Kolonien« aktiv am Kolonialismus mit. Und heute wickelt die Schweiz bei fünfzehn Rohstoffen über vierzig Prozent des globalen Umsatzes ab. Und vom internationalen Vermögen verwaltet sie über ein Viertel. Du kritisiertest vor allem, wie die Schweiz ihren Reichtum als persönliches Verdienst überhöht und selbst technologische Errungenschaften vornehmlich dem eignen Fleiß zuschreibt.

*

1968 verbüßt du deine erste Haftstrafe im Gefängnis in Arlesheim und arbeitest tagsüber in einem Heim. Du begleitest Kinder und Jugendliche, die körperliche und geistige Beeinträchtigungen haben. Einer heißt Pablo. Er verhält sich oft ziemlich aggressiv. Du wendest dich ihm aufmerksam zu.

Am ersten Tag hast du noch Mühe, neben Pablo zu speisen, der die Hälfte der aufgenommenen Nahrung wieder rausgeifert. Aber der Ekel verliert sich bald. Du magst Pablo. Und Pablo mag dich. Ihr unternehmt Spaziergänge, werft euch einen blauen Plastikball zu, hin und her.

Ein anderer Jugendlicher, der auch etwa dreizehnjährig ist, will mitspielen. Er wartet, bis der Ball zu Boden fällt und nimmt ihn dann gleich auf. Aber Pablo lässt das nicht zu, schlägt ihm mit der flachen Hand mitten ins Gesicht und erklärt, von dir zur Rede gestellt, wieder ziemlich gefasst: »Ich hab halt 'ne Wut gehabt.« Später ist Pablo auch wütend, weil du ihn nach deiner Haftstrafe nicht mehr betreust.

*

Das Gefängnis, schreibst du »prophylaktisch« an mich, sei auch in unserem Land ein durchaus möglicher Aufenthaltsort für denkende Leute, die sich gerne engagieren.

»Halb überrascht, halb bestürzt«, fährst du fort, »findest du dich plötzlich in einer kleinen Zelle. Du siehst dich um. Ein schweres Klappbett an der Wand, ein Tischlein, eine Bank davor – beides am Boden fixiert, ein paar

Tablare, ein offenes Klo, ein Lavabo – alles sehr sauber und fremd.

Das Fenster lässt sich, wie du bald bemerkst, nur oben öffnen, davor sind Gitter – Manganstahl! Die Türe ist keine richtige Türe für dich, sie hat keine Klinke. Ein ›Spion‹, durch den man dich beobachten kann, und ein Falltürchen, durch das man dir das Essen reicht, sind an der Tür eingelassen. Trostlos ist das passende Wort zu diesem Bild. Aber keine Angst, schon mit dir ist ein wenig Wärme in die Zelle gekommen.

Du wirst dich einleben. Du wirst dich an den Tagesablauf gewöhnen: Sieben Uhr Zelle putzen, Morgenessen, Arbeiten, Mittagessen, Arbeiten, Nachtessen. Vielleicht bist du, wie ich es war, fast immer allein in deiner Zelle. Nur gerade für den täglichen Rundgang im Gefängnishof wirst du geholt. Zumindest der Abend aber gehört ganz dir.

Du wirst wohl auch einen Lautsprecher in deiner Klause haben, über den du den Landessender oder ein gefängnisinternes Programm hören kannst. Vielleicht wirst du lesen oder schreiben oder Körperübungen machen, um nicht einzurosten. Um halb zehn wird das Licht gelöscht. Vielleicht wirst du dann noch lange im Dunkeln sitzen oder auf und ab gehen und deinen Gedanken nachgehen. Das werden die schönsten Stunden des Tages sein.

Am Anfang wirst du ein paar unruhige Nächte haben, aber das wird sich geben. Du wirst dich akklimatisieren. Du wirst dich nicht mehr aufhalten über die äußere Regelmäßigkeit deines Alltags. Gewöhnung wird sich deiner annehmen und dich frei machen, auf all die kleinen Dinge zu achten, die selbst den Gefängnisaufenthalt zu verschönern vermögen.

Du wirst dich freuen können über deine Post, auch wenn du sie geöffnet erhältst, du wirst dich freuen über ein wenig Musik am Abend, über ein vergessenes Lied, das dir wieder eingefallen ist, über einen der seltenen Besuche. Freude und Trauer, engagiertes Denken und Fühlen wird dir möglich sein, weil du für die Zeit deiner Haft Ja gesagt hast, zum Gefängnis, seinen Maßstäben und Normen.

Du wirst dir dadurch einen Spielraum schaffen, wo du nicht Nummer, sondern du selbst bist. Innerhalb diesem Spielraum werden sich deine tiefsten Erlebnisse bewegen. Ich denke vor allem an deine Kontakte mit deinen Mitgefangenen. Du wirst einer der ihren sein, und wenn du zuhören, zuschauen kannst, wirst du hinter ihren Worten, hinter ihren Gebärden und Blicken Menschen sehen, die dir in manchen Beziehungen gleichen. Du wirst sie sehen in ihrer oft verdeckten Hilflosigkeit und sie lieben müssen, weil sie deinesgleichen sind.

Das Sprechen von Rache und Vergebung, von Schuld und Sühne, das unserer Gesellschaft so leicht fällt, wird sich dir als eine ungelöste Problematik auftun, unter der du leiden wirst. Selbst in den Aufsehern wirst du dich wieder erkennen. Du wirst sie lieben, weil du unter der Uniform den Menschen in seinem Widerspruch zu sehen lernst.

Ich denke, es hat keinen Sinn, mit Ratschlägen für eine mögliche Gefängniszeit aufzuwarten. Jeder, der aufgrund seiner politischen, ethischen oder religiösen Haltung verurteilt wird, ist Persönlichkeit genug, ein paar Monate hinter Gittern nicht als ein Martyrium zu betrachten, sondern als eine Zeit, die es zu erleben, zu erfahren und zu füllen gilt. Die Frage, ob es eine verlorene Zeit sei, stellt sich ihm gar nicht. Er wird, hoffe ich, das Paradox erfahren, dass er sich gerade im Gefängnis seiner Freiheit bewusst wird, weil die Haft zu einer Tat gehört, mit der er sich identifizieren kann – es ist seine Tat.«

*

Aus dem Gefängnis entlassen, springst du in der Realschule Sissach, in der du früher Schüler warst, als Lehrer ein. Dein Unterricht spricht an, und im Dorf bist du, sportlich engagiert, gut akzeptiert und beliebt. Deine Haltung zum Militär gibt allerdings zu reden.

An einem öffentlichen Vortrag, den ein katholischer Priester in der Colonia Libera Italiana organisiert, kritisierst du den »Eigennutz der Schweizer Außenpolitik«. Nachher passierst du, wohl noch in Gedanken versunken, den Seitenweg, der von der Kirche zum Bahnhof führt. Da trifft dich ein harter Gegenstand am Hinterkopf. Es ist eine eiserne Stange, wie sich später herausstellt.

Ein Hundehalter ruft mich spätabends an. Du lägest stockbesoffen hinter einer Hecke, sagt er. Und ich entdecke dich dann vor Mitternacht. Du kauerst hinter einem Gebüsch am Boden. Der Mond scheint hell. Du bist verwirrt und willst trotz klaffender Wunde keine ärztliche Hilfe.

Später sträubst du dich auch dagegen, den gedungenen Täter und den angesehenen Hintermann anzuzeigen oder mit mir eigenhändig zu stellen, allenfalls nach den Regeln des Faustrechts.

Du begnügst dich damit, mit beiden fast freundlich über ihre Tat, ihre Motive und das Wetter zu sprechen. Deine Liebenswürdigkeit in Ehren, aber deine »Sanft-Mut« geht mir da zu weit. Warum hältst du quasi deine rechte

Backe auch noch hin, wenn dich jemand auf deine linke schlägt?

Du hast deine Konfirmationsbibel gründlich gelesen. Dieses *Neue Testament* ist 1962 im Basler Brunnen-Verlag in dritter Auflage erschienen. Und zwar mit insgesamt 197 000 Exemplaren. Das ist ja irre. »Die Wahrheit zu leben«, empfiehlt Herausgeber Hans Bruns. Und: »Liebe deinen Nächsten wie dich selbst.« Diesen Satz hast du rot unterstrichen. Und auch öfters von unserer Mutter gehört, die sich allerdings dafür aussprach, den Naziverbrecher Eichmann »mindestens sieben Mal zu hängen«.

*

Deine Dienstverweigerung versetzt Franz L., den Wirt des Gasthofs Sonne, in Rage. Er macht daraus keinen Hehl und weigert sich, unsere Mutter in seiner dem Gasthof angeschlossenen Metzgerei weiter zu bedienen. Sie soll dir zuerst deine Flausen austreiben. Deine defätistische Gesinnung sei eine Schande für das ganze Dorf. »Ja, lesen Sie ihm einmal tüchtig die Leviten«, sagt er zu ihr.

Und das macht dann unser Vater mit dem Wirt. Kaum hat Samuel die »frohe Botschaft« vernommen, geht er gleich in den Verkaufsladen und staucht den Wirt vor ansehnlicher Kundschaft zusammen. Von Metzger zu Metzger, von Würsten und geschärften Messern umringt. Vater Samuel steht zu seiner Frau und zu dir. Und Mutter Flora geht nie mehr in diese Metzgerei. Du genehmigst dir jedoch später noch einige Zweier in der Sonne, bis dir der neue Wirt, der Schwiegersohn des alten, das Lokal verbietet.

René G., der neue Wirt, war früher Dorfpolizist. Seine Kundenliebe sei auch Nächstenliebe, sagte er mir später zum Rausschmiss von dir. Und du hättest ihm dann noch eine Karte mit einem Ausspruch von Nietzsche zur Nächstenliebe zugesteckt. Vielleicht aus *Also sprach Zarathustra*? Ich schaue nach, was passen könnte und finde in der *Morgenröte*: »Wer sich selber hasst, den haben wir zu fürchten, denn wir werden die Opfer seines Grolls und seiner Rache sein. Sehen wir also zu, wie wir ihn zur Liebe zu sich selbst verführen!«

Nach Vaters Beerdigung (1989) speisen wir noch in der Sonne, du bist auch dabei. Der Wirt René G. konnte das seit 1534 (!) existierende Traditionshaus 1980 übernehmen. Zuerst musste er, der ehemalige Schwinger, Maurer und Polizist, aber noch einen dritten Beruf lernen, Koch, und zudem die viel jüngere Tochter seines Vorgängers ehelichen, die sich jedoch von ihm und dem Betrieb wieder trennte. 2017 übernahm dann die Tochter der Tochter das Hotel. Und zwar mit dem Versprechen, »Kutteln und Kalbskopf« auf der Speisekarte zu belassen, wie Jürg Gohl berichtet (*Volksstimme* vom 14.12.2017).

René G. hatte mehrere Jahrzehnte von früh bis spät in der Sonne verbracht. Viel Zeit blieb ihm nun nicht mehr, um seinen Elektro-Ferrari auszufahren, einer »Schwingete« beizuwohnen und davon zu erzählen, wie Tennisstar Boris Becker einst in der Sonne gastierte. An einer Demenz erkrankt, wechselte G. ins nahe gelegene Pflegeheim Ergolz und starb Ende September 2023. Gaststätten hatte er in der letzten Zeit gemieden. Denn sie hätten, meinte er noch gegenüber der *Volksstimme* (ebd.), »ihre Rolle als gemütliche Stube« allmählich verloren.

Soweit rapportiert, was du nicht mehr erlebt hast. Anders als vom Hinschied des alten Wirts. Das war anno 2006. Und unsere Mutter, die der Metzger seit 1968 auch deshalb nie mehr bedient hatte, weil sie den Laden konsequent mied, beerdigten wir ein Jahr danach. Ihre Beharrlichkeit beeindruckte und beeinflusste dich.

*

»Das Wissen um Liebe ist das Geheimnis des Lebens; vielleicht auch das, was man gemeinhin den Sinn des Lebens nennt.« Das schreibst du im September 1968 deiner Mutter zum 56. Geburtstag. »Du weißt, Mama, dass ich vieles von dem verloren habe, was mir in der Jugend teuer war. Dieser Prozess hat mir mehr zu schaffen gemacht, als es nach außen hin schien. Und doch habe ich dabei das größte Gut gewonnen, das ein Mensch zu gewinnen hoffen kann – nämlich die Liebe zu jenem Funken, der durch sein Aufflackern und Erlöschen die Menschen im ersten und letzten einander gleichstellt, dem Funken des Lebens. Es ist diese Liebe, die mich treibt zu denken, die mich aber auch zum Handeln zwingt. Es ist die Liebe, die mich treibt, die Menschen zu achten und den Menschen vor alles andere zu stellen. Ich habe den Militärdienst verweigert, aber du hast mich irgendwie verstanden und keine Fragen gestellt.«

Es folgen vermittelnde Ausführungen zu den jüngeren Geschwistern: »Noch etwas zu Ueli«, schreibst du. »Ich glaube, wenn er erst einmal die Liebe in sich selber erfährt, wird er auch vermehrt fähig sein, andere zu lieben und zu achten. Vielleicht lassen wir ihn unsere Liebe zu wenig spüren, als dass er merken könnte, wie viel davon auch in ihm liegt.«

Und von Christa möchtest du nur sagen, dass jeder von ihr geordnete Blumenstrauß von einer großen Liebe zeuge, die ihre zeitweilige Distanziertheit in den Schatten stelle. Schön, diese Lorbeeren. Und was sagen sie über dich aus?

Mir scheint, deine feinen Wahrnehmungen kämen teils zwar gut gemeint, aber etwas erhaben daher. Wenn du Christa im Obdachlosenheim in Lyon besucht und erlebt hättest, wie sie sich dort engagierte, würdest du sie noch mehr wertschätzen. Esther und ich besuchten sie 1970 per Autostopp.

Mir imponierte auch sehr, wie unsere Schwester Ruth mit einer andern Hebamme zusammen in einem entlegenen algerischen Berggebiet eine kleine Geburtsstation führte. Das sind Leistungen, die deinen sportlichen Höhenflügen mindestens ebenbürtig sind. Und während wir beide nach Handballspielen öfters in den Zeitungen standen, umsegelte unser Bruder Walter allein mit seinen beiden Kindern die ganze Welt. Und zwar in einem selbstgebauten Schiff, mit dem er jeweils an möglichst einsamen Orten anlegte.

Und dann zu allen, schreibst du noch an unsere Mutter: »Vergiss nicht, dass wir deine Kinder sind, und bestimmt hat ein jedes von uns von deiner stärksten Waffe – der Liebe – seinen Teil abbekommen.« Ja, das stimmt wohl, in doppeltem Sinne. Liebe als Wärme und Waffe.

*

Wertschätzende Briefe an unsere Mutter haben in der Familie Tradition. Das dokumentieren auch lange und überaus liebenswürdige Briefe, die unsere Mutter Flora und ihre Mutter austauschten. Humorvoll und etwas deftig kommt indes die Post daher, die Flora von ihrem Vater erhalten hat. Er dankt ihr für all das »Zuviele« (sic.) und »Übersüße«, was sie ihm zum Geburtstag »zum Fressen« geschenkt habe. Nebst den vielen Würsten, die seine Werkstatt in eine Metzgerei verwandelt hätten und die er nun alle abarbeiten müsse. »Bis mein Bauch platzt.«

Du mochtest den Großvater sehr. Er stellte sein Licht nie unter den Scheffel. Und gab sich auf Spaziergängen bei spontanen Small Talks mit Unbekannten gerne als Professor und Afrikaforscher aus. Das war unserer Mutter stets peinlich. Aber der Großvater las wirklich viel über Afrika. Die jüngste Tochter lebte dort. Und er hatte das *International Geographic Journal* in englischer Sprache abonniert. Du liebtest diese Hefte auch der vielen Fotos wegen und schautest sie stundenlang an. Wie ab und zu unsere Schwester Christa. Der Großvater nannte sie »mein Göldeli« oder »mein Sünneli«. Ihr steckte er zwischendurch ein Sugus zu. Und du fragtest dich: Warum nur ihr?

Bei uns zu Hause prägte unsere Mutter Flora den Binnenraum, abgesehen von deinen Unterhaltungskünsten. Ihr blieb nach der Volksschule eine Berufslehre versagt. Aber sie lektorierte jährlich neue Bücher für einen Verlag, rezensierte das eine oder andere, schrieb Geschichten, musizierte, engagierte sich sozial, hatte immer ein offenes Ohr und begegnete uns allen sehr verständnis- und liebevoll. Ja, das beeindruckt dich sehr. Du hast sie kaum je schimpfen gehört. Das ist fast ein wenig unheimlich. Und hat ihr vielleicht auch einen Kropf beschert, mit dem sie haderte.

Die erste Mai-Hälfte 1963 verbrachte Mutter Flora deswegen im Kantonsspital Liestal. Mit dem Befund, der

Kropf lasse sich nicht mehr herausoperieren. Wurzelnde Ausläufer seien zu tief in der Herzgegend verankert. Im Herbst 1963 entfernte ihn dann im Spital in Riehen ein Arzt ohne Narkose.

»Glaube mir«, schrieb unsere Schwester Elisabeth 1962 aus dem Lehrerinnenseminar an Mutter Flora, »wenn ich abends in den ›Zwinger‹ komme, wünsche ich oft nichts als dass ich ein wenig zu dir sitzen könnte. Du müsstest nichts sagen, ich würde nur den Kopf an dich lehnen und ganz dein Kind sein. Du hast während Jahren unendlich viel guten Samen in uns gelegt. Du hast uns erzogen, wie ich sicher nie Kinder erziehen könnte. All das Gute, was du in uns gepflanzt und geweckt hast, wird Frucht tragen. Deine Geschichten wirken unbewusst weiter. Auf so Vieles hast du verzichtet, freudig, um uns glücklich zu machen. Für das alles und noch viel mehr bin ich dir tief dankbar.«

*

1969 verbringst du mit deiner Freundin Rägel, die in Basel ein Tanzstudio eröffnete, Ferien in Vernazza. Nachher zieht ihr in unsere Kommune im Basler Hirzbrunnen-Quartier ein, habt aber sonst noch ein Kabäuschen für euch. Ihr wirkt, zweiundzwanzigjährig, schon etwas arriviert. Ines G. stellt uns ihr Pfarrhaus zur Verfügung und wohnt mit uns und ihrer Halbschwester Sylvie Z., die sich, eben noch Musterschülerin am Mädchengymnasium, in der radikalen Spontiszene engagiert.

Sylvie nimmt harte Drogen. Ihr Freund besorgt ihr den Stoff. Sie macht bei der »Roten Zora« mit; zusammen mit Frauen, die keine Staatsknete wollen und lieber auf dem

Strich anschaffen. Heroinabhängig und gesundheitlich ruiniert, nimmt sich Sylvie später, nachdem nichts mehr geht, das Leben. Ihre dritte Schwester, Doris Z., zieht sich hingegen nach turbulenten Politjahren in ein Kloster zurück. Sie lebt nun schon seit rund fünfzig Jahren dort. Das hättest du dir damals nie vorstellen können!

Unvergesslich ist, wie Sylvie in der Kommune ankommt. Sie schmeißt die Schule und jobbt in der EPA, einem Warenhaus. Ihre erste Lohntüte packt sie während dem Abendbrot aus, schwenkt stolz ein paar Hunderternoten in der Luft, zerreißt dann alle in Fetzen und ruft triumphierend »Scheißkapitalismus«. Das bringt einen ihrer Liebhaber in Rage, ein handgreifliches Gerangel entsteht.

Rägel reagiert entsetzt. »Typisch kleinbürgerlich«, kommentiert Sylvie. Sie taxiert auch »Schwesterherz Ines«, die du von der Uni her kennst, als Reformistin. Zumal sie sich für die Sozialdemokratie engagiert, die, so Sylvie, »mit der Bourgeoisie paktiert«. Ines setzt sich heute noch für Aidskranke, Flüchtlinge, Obdachlose und Sans-Papiers ein.

Mit dir und Rägel ordnet sich das ziemlich chaotische Leben der Kommune. Ihr initiiert bald einen Umzug in eine größere Liegenschaft an der Vogesenstraße im proletarischen St. Johann-Quartier. Unsere Kommune wächst und heißt jetzt therapeutische Wohngemeinschaft. Psychologie überlagert die Autonomie. Ein Psychiater kommt zur wöchentlichen Supervision. Einmal springt, von dir mobilisiert, ein Psychologe ein. Er bietet eine Schreitherapie an. Einzelne lassen sich ernsthaft darauf ein, andere halbherzig oder nur theatralisch.

*

1969 erscheint das *Zivilverteidigungsbuch*. Im September erhalten alle Schweizer Haushalte ein Exemplar. Die Geistige Landesverteidigung soll die militärische ergänzen und die Zivilbevölkerung darin unterstützen, sich gegen böse Mächte oder eine innere Bedrohung zu wehren und den freiheitlichen Schweizer Geist zu erhalten, den der Historiker Thomas Buomberger später als antikommunistische »Anleitung zur Diffamierung« beschreibt. Du hättest sein Buch *Die Schweiz im Kalten Krieg 1945–1990* (Zürich 2017) sicher gleich bestellt.

Ursprünglich auf die Expo 1964 geplant, erweist sich die verzögerte Herausgabe des *Zivilverteidigungsbuches* für den Bundesrat als Glücksfall: Der Einmarsch sowjetischer Truppen in der Tschechoslowakei scheint kaltkriegerische Szenarien zu bestätigen.

Du fetzt dich an einer Podiumsdebatte mit Oberst Bachmann, dem Autor des *Zivilverteidigungsbuches*. Du kritisierst, wie er Fremdes abwertet und als Bedrohung darstellt. In der Wohngemeinschaft wendest du dich klar gegen die behördliche Vorgabe, nunmehr ein polizeilich kontrolliertes Gästebuch zu führen.

Ende 1969 nimmt auch dein Kommilitone Beat Dietschy im Basler Bernoullianum an einem Podium zur Zivilverteidigung teil. Er vergleicht die Feindbilder und Ästhetik des Buches mit der Nazi-Propaganda der 1930er Jahre, was dich schmunzeln lässt und anwesende Militärs in Rage versetzt.

*

Im Januar 1970 schreibt dir noch Marc Häring, ein Lehrer und Dienstverweigerer aus dem Gefängnis, in dem du warst. Er erkundigt sich, wie deine »Kraftprobe mit dem Schulinspektor« verlaufen sei. Was war da?

Der Lehrer berichtet dir dann auch von der neu bestückten Schulpflege in seinem Dorf, die ihn wegen seiner Dienstverweigerung entlassen wolle. Eltern und Schüler:innen setzten sich immerhin für ihn ein. Die Behörden warfen ihm deswegen zusätzlich vor, seine »Gefolgsleute« zu instrumentalisieren.

Dass der 68er-Aufbruch auch konservative Kräfte mobilisierte, ist eigentlich gut verständlich. Soziale Bewegungen reagierten stark darauf. Ideologische Debatten dominierten die Dynamik; das unbeirrte Weiterentwickeln und Umsetzen konkreter Alternativen kam dagegen eher zu kurz. Mit mehr Selbstorganisation und lebensweltlicher Praxis wären vielleicht weniger Engagierte verzweifelt.

*

1971 vermittelst du René Reinhard einen Platz in unserer WG. Ein anderer Strafentlassener ist schon da. Das WG-Leben behagt ihm mäßig. Er trägt gerne gebügelte weiße Hemden mit Krawatte oder Fliege, sucht nach zwei Jahren ein eigenes Domizil, findet Anschluss an gehobenere Kreise und kommt so wieder mit dubiosen Geschäften in Berührung.

René betont hingegen, gerne »randständig« zu leben. Dieser Begriff diskriminiere zwar, aber das mache ihn gerade »verdammt realistisch«. Anders verhalte es sich mit dem paternalistischen Unwort »betreuen«. Die Soziale Arbeit habe diesen Begriff im Faschismus popularisiert und zumindest indirekt mitgeholfen, Leute zu Tode zu betreuen.

René avanciert allmählich zum »Knastautor«. Ihr versteht euch auf Anhieb. Wenn sich René zum Frühstück einen Schluck Rotwein in seinen Tee gießt, hältst du manchmal mit. Und du schiebst ihm öfters noch eine Zehnernote »für einen Kaffee« zu, bevor du ins Theologische Seminar gehst.

René verkauft selbst gefärbte T-Shirts und Kartonmappen mit eigenen Gedichten und Geschichten. Ab und zu drückt er sich einen Schuss Heroin in seine Venen. Vor allem, wenn Charly bei ihm übernachtet, der mehrmals die WG-Kasse leert. Das umfunktionierte Konfitürenglas steht verdeckt im Geschirrschrank. Wenn sich vorzeitig kein Geld mehr darin befindet, überbrückst du mit einem »Zustupf« aus Vortragshonoraren.

Für René sind alle WG-Mitglieder, die schon »malochen« oder »immer noch die Schulbank drücken«, einfach »superprivilegiert«. Er kommt aus misslichen Verhältnissen und appelliert an unsere Schuldgefühle. Mit dir tauscht er gerne Erfahrungen aus dem Knast aus. Öfters tut ihr das im Restaurant Nordbahnhof, eurer Quartiersbeiz.

René erachtet verfeinerte Formen der Disziplinierung für noch repressiver denn physisch manifeste. Später fühlt er sich durch das bestätigt, was der Philosoph Michel Foucault in *Überwachen und Strafen* (Frankfurt a. M. 1976) weiter ausführt. Psychische Gewalt discipliniere grausamer als physische, fasst René zusammen.

Du hältst dagegen und beziehst dich auf den Philosophen Jean Améry, der, an Foucault gerichtet, sarkastisch äußert, wie schön es doch im 18. Jahrhundert der Königsattentäter Robert François Damiens gehabt haben müsse, der 1757 nach einem fehlgeschlagenen Attentat auf Ludwig den XV. nur mit eingespannten Pferden körperlich gevierteilt wurde. Er musste in keinem Hochsicherheitstrakt bei grellem Licht täglich dreimal allein speisen und psychisch leiden. Améry fasziniert dich. In *Hand an sich legen* (Stuttgart 1976) interpretiert er den Freitod als Akt der Freiheit.

*

In unserer WG setzt du dich dafür ein, entwichene Heimzöglinge zu verstecken. Wir nehmen zwei sogar ganz auf. Aber wo sind sie heute? Dann kommt noch Elvira A., die vor ihrem gewalttätigen Vater flüchtet. Sie kann ebenfalls bleiben. Du vereinbarst das mit ihrer Familie.

Elvira wechselt schon bald von der Sonder- über die Volksschule ins Gymnasium. In der WG ist immer eine Person für sie da, die auf ihre vielen Fragen eingeht. Später studiert Elvira Medizin. Ihr früherer Sonderklassenlehrer kann das kaum glauben. Du spricht ihn im ersten Zivilschutzkurs darauf an. Und quittierst nachher auch diesen »paramilitärischen Dienst«, wie du sagst. Du wirst zu zwei Monaten Haft unbedingt verurteilt.

Medien porträtieren unsere WG als Vorzeigeprojekt. Leute aus Kultur, Politik und Wissenschaft gehen ein und aus. Der Gemeinschaftsraum lebt. Über Mitternacht hinaus diskutieren meistens noch ein paar Gäste am langen hölzernen Küchentisch. Öfters mit Rägel und dir. Chianti löst den billigeren algerischen Rotwein ab.

Eine Putzordnung hängt am schwarzen Brett. »Warum so rigide?«, schreibt Lukas B. dazu. Er ist Kunstmaler und so alt wie du. Sein Vater, Professor der Theologie, lässt ihm über dich einen monatlichen Beitrag für Kost und Logis zukommen. Warum übernimmst du diese Bevormundung? Lukas ist doch selbst mündig.

*

Am Theologischen Seminar organisierst du öffentliche Debatten. Einmal ladet ihr Ben Fox von der Black-Panther-Bewegung in die progressive Tagungsstätte auf dem Leuenberg ein, die heute laut Medienberichten esoterisch abdrifte. Du nimmst auch an diversen Podien zu Militär- und Friedensfragen teil. Zwei Professoren, Max Geiger und Heiner Ott, bieten dir schon vor deinem Studienabschluss an, bei ihnen zu doktorieren.

Das Staatsexamen scheint für dich eine kleine Hürde zu sein. Aber in dir rumort es. Du bezichtigst die Landeskirchen, sich machtkonform vereinnahmen zu lassen. Statt zur letzten Vorprüfung zu gehen, bleibst du in der Hasenburg sitzen. Das ist mittlerweile deine Lieblingskneipe, nach dem Restaurant Farnsburg.

*

Bereits 1967 bildete sich eine »Gruppe Farnsburg«. Du bist ab und zu dabei und beim Kunstmaler Walter Wegmüller (1937–2020) im Atelier. Der ehemalige Verdingbub, Sohn von Fahrenden, präsidiert später, von 1978 bis 1981, die Radgenossenschaft. Du führst sein Beispiel an Vorträgen an.

Walter Wegmüller kam 1937 zur Welt. Seine Mutter war ledig und jenisch – ein Fall für die Fürsorge. Die Behörden nahmen ihr den Bub weg, steckten ihn in ein Heim und gaben ihn, vierjährig, als billige Arbeitskraft zu einem groben Bauern nach Aegerten ins Berner Seeland. Der Bauer war oft betrunken, jähzornig und sadistisch. Walter bekam »viel Prügel und wenig zu essen«, wie er uns erzählte.

Seine nächste Station war eine Erziehungsanstalt in Wabern. Dann folgte eine Berufslehre als Flachmaler. Nach dem Lehrabschluss in Biel arbeitete Walter Wegmüller tagsüber als Flächen- und abends als Kunstmaler. Ein gut zweijähriger Abstecher folgte im Basler Rheinhafen mit Schichtarbeit. Dann reaktivierte Walter seine Kontakte zur Kunstszene. Die Zeiten, die er nun an der Staffelei arbeitete, verlängerten sich. Seine kreative Phase nach 68 hielt bis zum Tod (2020) an. Die von ihm mitbegründete Radgenossenschaft (1975) lag ihm besonders am Herzen.

Zur Gruppe Farnsburg gehörte ebenfalls Kurt Fahrner (1932–1977), der 1959 auf dem Barfüsserplatz sein Bild von einer gekreuzigten Frau zeigte, das die Polizei flugs beschlagnahmte. 1963 organisierte Walter Wegmüller mit Kurt Fahrner eine Solidaritätsaktion für Rolf Hochhuth, der wegen seinem papstkritischen Theaterstück *Der Stellvertreter* stark kritisiert wurde.

Der Zeitzeuge Rolf Häring erinnerte mich daran. Du politisiertest mit ihm, dem ehemaligen Großrat der Progressiven Organisationen. Ihr engagiertet euch jahrelang in der Gewerkschaft Erziehung. Er nimmt heute noch, mit Jahrgang 1941, an diversen Demonstrationen und selbstverständlich an jeder Ersten-Mai-Kundgebung teil. Soweit der Exkurs.

*

Du sitzt jetzt also, nach bewusst verpasster Prüfung, in der Hasenburg, wie ein Vermisster. Du willst das Studium ganz sausen lassen. Irgendwann kommt René Reinhard dazu. Ihm imponiert, wie du dich verweigerst. Rägel erfährt am Abend in der WG davon. Sie ist irritiert. Der kritisch-konstruktive Gang durch die Institutionen wäre doch stimmiger! Und die Eltern sind enttäuscht. Sie hätten dich gerne in einem Beruf gesehen, der ihnen mangels Ausbildung verwehrt blieb. Aber das sagen sie nicht, sondern nur: »Du musst selber wissen, was du tust.«

Unsere Schwester Christa fragte mich später: »Ueli, warum wollte Markus eigentlich Pfarrer werden? Was war seine Motivation? Waren es einfach die drei möglichen Berufe, die unsere Mutter am meisten beeindruckten: Krankenschwester, Lehrerin und Pfarrer? Oder hat ihn der Glaube unserer Eltern beeindruckt? Sie lasen täglich in der Bibel und beteten auf den Knien, ohne Druck auf uns auszuüben.«

*

Unserer Mutter schickst du, Marco, dann im September eine Karte zu ihrem Geburtstag: »Statt eines Geschenks möchte ich dir lieber ein paar Zeilen schreiben. An viele Dinge erinnere ich mich wirklich. Etwa an deine Geschichten. Ich könnte viele von ihnen noch heute wiedergeben: der Benzli, drei Männer im Schnee (dein Paradestück!) und andere. Wie hast du meine Fantasie angeregt. Sicher warst du manchmal beinahe zu müde, um uns zu erzählen, und trotzdem konntest du mich mit deiner Begeisterung und Erzählkunst anstecken. Später in Sissach hast du mir immer Mut gemacht, zu lernen, eine eigene Meinung zu finden und zu vertreten. Ich habe dich immer bewundert, wie du deine Sorgen gemeistert hast, auf deine stolze Weise. Ich habe in dieser Beziehung viel von dir angenommen. Du hast mich verstanden, wenn ich nicht reden mochte über Dinge, die mich bedrückten. Du stelltest keine Fragen zur falschen Zeit. Dafür war ich dir in so vielen Situationen dankbar.«

*

Zum Broterwerb heuerst du 1972 in der Brauerei Warteck an. Du stapelst nun Harasse und fährst ein paar Monate lang Bier aus, ohne dich an der Uni zu exmatrikulieren. Das sehe ich erst jetzt in deinem Testatheft, fünfzig Jahre danach.

1973 bietet dir Rudolf H., der Leiter des Jugendamts, eine Stelle als Sozialarbeiter an. Du sagst zu, ohne entsprechende Ausbildung, wie seinerzeit unser Vater. Er wechselte vom Metzger zum Bähnler und dann zum Alkoholfürsorger.

Die ersten zwei Jahre arbeitest du nun auf der Notschlafstelle für Jugendliche, nachher bis 1987 auf der Bewährungshilfe. Auf der Notschlafstelle musst du laut Pflichtenheft obdachlose Jugendliche betreuen, Arbeitsstellen und Wohnraum vermitteln, Jugendliche in Krisensituationen behandeln, mit Institutionen der Jugendhilfe kooperieren, neue Mitarbeitende begleiten, Projekte planen, administrative Tätigkeiten speditiv erledigen, die Notschlafstelle gegenüber der Öffentlichkeit vertreten, Weiterbildungen organisieren und mit Mitarbeitenden inhaltliche Fragen vertiefen.

In der Bewährungshilfe geht es dann ab 1975 darum, straffällige Jugendliche und deren Eltern zu betreuen, jugendstrafrechtliche Maßnahmen (im Auftrag des Jugendanwaltes und der Jugendstrafkammer) zu vollziehen, Einrichtungen der Jugendhilfe zu koordinieren und innovative Vorhaben zu konzipieren.

Bis zu deinem 20. Geburtstag lebtest du abstinent. Fünf Jahre später spieltest du zwar immer noch in der Handball-Nationalliga, griffst aber schon häufiger zur Flasche. Rägel, deine Partnerin, begnügt sich abends meistens mit etwas Weißwein. Zuerst einem »Halbeli« und dann noch einem »Dreier« dazu, »zum Abgewöhnen«. Du bevorzugst nun, bald dreißigjährig und in der Sozialen Arbeit tätig, eine Flasche Rotwein. Grappa und Whisky verbirgst du griffbereit im Büro und im WG-Zimmer. Du belohnst dich damit, wenn dich etwas freut oder ärgert. Und das kommt öfters vor. Dein Magen leidet.

*

Auf der Notschlafstelle arbeitest du gerne. Oft besuchen dich Bekannte oder ehemalige Gassenleute. Wenn ich abends einmal vorbeikomme, sitzen meistens andere schon am Küchentisch, zusammen mit Obdachlosen, atmosphärisch recht stimmig und manchmal skurril humorvoll. Deine dringlichen Forderungen nach Ausbau der Kapazitäten bleiben allerdings unerfüllt. Daraus entstehen Konflikte. Zudem verteidigst du die Räume als »Asyl für Heimatlose« und verweigerst Ordnungskräften den Zugang. Das trägt dir eine erste Verwarnung und nach der dritten eine Versetzung ein.

In der Bewährungshilfe sollst du dich nun selbst bewähren. Das gelingt dir gut, findest du. Nach deinen Kriterien sind Konflikte mit der Vormundschaftsbehörde unvermeidlich. Sie sprechen für gute Arbeit, findest du. Und dein näheres Arbeitsumfeld pflichtet dir bei. Doch alsbald schaltet sich die Jugendanwaltschaft ein. Sie wirft dir vor, »nach Möglichkeit jede freiheitsentziehende Maßnahme zu verhindern«.

Nach zehn Jahren wendet sich der freisinnige Jugendanwalt an den zuständigen Regierungsrat, der dich vorlädt. Im »Verhör«, wie du das Gespräch nennst, beziehst du dich bewusst auf den Anwalt Hans Eckert, der sich während dem Zweiten Weltkrieg für jüdische Flüchtlinge wehrte, für die Liberalen politisierte, als Gemeinderat an seinem Wohnort die Vormundschaftsbehörde präsidierte und sich für Jugendliche einsetzte.

Ihr kennt euch von gemeinsamen Pausen im nahe gelegenen und sehr beliebten Café Spillmann, in dem sich heute ein exklusiver, privater »Club de Bâle« für hundert gut Betuchte befindet. Du erwähnst Eckert wegen seinem Mut, jüdischen und kommunistischen Flüchtlingen zu helfen. Aber das hilft kaum. Dein Abgang steht bevor. 1987 ist es soweit.

*

Der Jugendamtsleiter schützt dich zwar noch. Aber du wirfst auch ihm vor, unsinnige Sparvorhaben im Sozialbereich mitzutragen. Und er weist dich nach einem Podiumsgespräch verärgert darauf hin, dass eine Anstalt für Jugendliche kein »Knast«, der Direktor kein »Versorger«

und ein Fahnder kein »Bulle« sei. Offenbar lässt du deine diplomatischen Zügel etwas schleifen, trinkst viel Alkohol und bietest erweiterte Angriffsflächen. So bringst du auch deinen dir eigentlich wohl gesinnten Vorgesetzten gegen dich auf. Er warnt dich vor Konsequenzen. Unstimmigkeiten häufen sich. Trotzdem trefft ihr euch an Samstagen weiterhin auf dem Flohmarkt am Petersplatz. Ihr entkorkt dann einen elsässischen Weißen und plaudert über aufgestöberte Schmöker. Wie alte Freunde.

Dein Vorgesetzter will sich nun selbst mehr schützen. Er betraut dich mit internen Archivarbeiten, Recherchen und Schulungen. Du gibst Weiterbildungen in kreativem Schreiben und nicht direktiver Gesprächsführung. Deine Kurse kommen an, erfreuen aber den Vorsteher der Vormundschaftsbehörde kaum. Er beauftragt einen seiner »Untergebenen«, an einem Lehrgang teilzunehmen und erfährt so, wie du seine »bürokratische Amtssprache« veräppelst. Der Amtsvorsteher beschwert sich nun ebenfalls bei der Regierung. Das Fass läuft über. Dein Vorgesetzter fordert dich auf, »einvernehmlich zu kündigen«. Das tust du dann, für ihn überraschend, ohne Widerrede. Und im Arbeitszeugnis vom 30. November 1987 liest du: »Herr Markus Mäder hat in den schwierigen Jahren der Jugendbewegungen und Unruhen äußerst wertvolle Pionierarbeit geleistet. Seine Arbeitsweise war unkonventionell, aber für die Jugendhilfe in vielerlei Hinsicht wegweisend.«

*

Du bist nun, von 1987 an, arbeitslos. »Freitätig«, wie du sagst, und: »Für befristete Aufträge verfügbar.« Ja, »befristet«, zumal du ja noch, wie du spöttelst, »ein professioneller Säufer« seist.

Bei der Caritas betraut dich Beatrice Inglin, Großrätin der Christlichen Volkspartei, mit einem Projekt. Die spätere Ombudsfrau des Kantons Basel-Stadt gewährt dir viele Freiheiten. Das freut dich.

Auch Jugendpfarrer Alfred Kunz meldet sich bei dir. Du versprichst ihm, eine Jubiläumsschrift für den Invalidenverband zu verfassen, den er präsidiert. Ich halte das für einen idealen Auftrag für dich. Doch du verlierst dich in endlosen Recherchen. Du stöberst die zentralen Archive (in Olten) durch und sichtest ellenlange Korrespondenzen, die Schicksale verhandeln. Das gibt dir zu denken. Du begibst dich immer früher mit einer Flasche Rotwein ans Aare-Ufer, schaust dem treibenden Wasser zu und willst dich dieser herzlosen Welt entziehen.

An Abenden isst du immer seltener in der WG. Einmal wöchentlich spielst du noch Fußball mit alten Handballkollegen. Und plauderst nachher lange mit ihnen in der Beiz. Sport, Politik und Witze stehen im Fokus. Zwischendurch kommt schier tiefsinnige Ernsthaftigkeit auf. Für ein paar Minuten konzentriert sich dann das Gespräch zum Beispiel auf einen Kollegen, der, weil gesundheitlich angeschlagen, abwesend ist. Nach betretenem Schweigen klärt ihr dann, wer den Abwesenden am nächsten Tag anruft oder besucht. Kaum »erledigt«, wechselt das Gespräch abrupt. Mit der ewigen Frage: Wie geht es eigentlich mit dem FC Basel weiter? Das gehört zu dieser lockeren Geselligkeit, die oberflächlich ist, aber öfters sehr berührt und sozial viel bewirkt.

Auf das intensive Spiel mit dem Ball folgt der gemeinsame Gang unter die warme Dusche. Und um den runden

Tisch vereint, sind nachher alle müde und entspannt. Das Zusammensein ist ja freiwillig. Wer genug hat, verabschiedet sich. Du kennst dieses Zusammenspiel von Nähe und Distanz von der Gassenarbeit. Je nachdem ist so ein kurzes Gespräch in einer Kneipe oder vor einem Kiosk ebenso hilfreich wie eine Beratung auf einem Amt.

*

Du machst auch bei der Gewerkschaft Erziehung weiter mit, inzwischen ohne Willi. Ihr kanntet euch vom Theologischen Seminar her. Und ihn ereilte die Erwerbslosigkeit schon vor dir.

Willi studierte noch zusätzlich Psychologie, ohne diesen Beruf zu praktizieren. Als profilierter linker Politiker fand er bei Bewerbungen keine offenen Türen vor. Er kümmerte sich dann mehr um den zweijährigen Sohn M. Du trafst die beiden noch auf dem Kinderspielplatz bei den Langen Erlen. Du hattest eine andere Verabredung im Restaurant, setztest dich aber kurz zu ihnen. Ihr unterhieltet euch über verdeckte Berufsverbote. Der früher so markante und imposante Willi wirkte auf dich auf dem Spielplatz etwas »abwesend«. Vielleicht so wie du auf ihn?

Ja, etliche ehemalige 68er:innen machten Karriere beim Gang durch die Institutionen, andere wurden ausgemustert oder scherten freiwillig aus. Willi beendete sein Leben 1981, kurz nach eurer Begegnung. Er hinterließ, nebst seiner Partnerin, einen bald dreijährigen Sohn. Willi selbst war ebenso alt, als sein eigener Vater an Lungenkrebs starb. Seine Mutter musste ihrem Mann, den sie pflegte, ärztlich verordnet die Diagnose verschweigen. Das zerriss sie schier.

Nach dem Tod brach sie zusammen. Willi und seine Schwester mussten in ein Kinderheim und wären beinahe Verdingkinder geworden. Sie wohnten damals in Langnau im Emmental. Aber dann flüchtete ihre Mutter mit ihnen zu ihrer Schwester in eine andere Gemeinde. »Diese Zeit war für alle traumatisch«, berichtet Willis Partnerin und Mutter seines Sohns, der nun Arzt ist. Und bei dir wirken die flüchtige Begegnung auf dem Spielplatz und Willis Abgang noch lange nach.

*

In unserer WG lebt auch Mascha Madörin. Sie ist als »feministische Ökonomin« bekannt und fast gleich alt wie du. Ihr kanntet euch schon als Jugendliche.

Siebzehnjährig trefft ihr euch in einem Zeltlager in Gampelen am Neuenburgersee, besucht beide die Mittelschule, seid aufgeweckt und diskutiert eifrig mit den älteren Kolleg:innen, die schon beruflich tätig sind und abends am Feuer das »Lied der Bergvagabunden« anstimmen, die, wie »Brüder auf Leben und Tod«, vereint sind: »Wenn wir erklimmen schwindelnde Höhen, steigen dem Gipfelkreuz zu; in unsern Herzen brennt eine Sehnsucht, die lässt uns nimmer in Ruh.« So beginnt die erste Strophe. Sie ließ dich später erschaudern.

Nach dem Abitur entscheidet sich Mascha für Ökonomie. Ihr Vater ist Direktor einer Herdfabrik. Und du studierst Theologie, wie von den Eltern erhofft. Ihr engagiert euch beide politisch, Mascha bei den »Progressiven Organisationen« (POCH), du bei der »Internationale der Kriegsdienstgegner« (IDK).

Nach mehrjährigen Aufenthalten in Afrika kommt Mascha mit ihrem Mann Kurt und Sohn Grischa nach Basel zurück, in die WG, in der auch du mit uns lebst. Mascha ist nun entwicklungs- und finanzpolitisch tätig. Sie setzt sich in den 80er Jahren vehement dafür ein, das Apartheid-Regime in Südafrika zu boykottieren und den Finanzplatz Schweiz kritisch zu analysieren. Medien interviewen sie. Allerlei Leute gehen in unserer WG ein und aus. Und du, früher oft im Mittelpunkt, stehst etwas daneben. Wie gehst du damit um?

Mascha fürchtet keine »großen Tiere«. Sie begegnet ihnen unaufgeregt. So, wie du das an unserem Vater schätztest. Er ging offen und, von seinem Hintergrund her, fast mutig auf Direktoren und Professoren zu. Und doch bemerktest du, wie seine Sympathie mit steigender Hierarchie kaum zunahm. Mit sogenannt einfachen Leuten fühlte er sich wohl und verbunden.

Die Gasse und Kneipen sind inzwischen dein Mittelpunkt. Am Dienstagabend bekochst du die WG. Die Kinder freuen sich. Du nimmst ihre Wünsche auf und nickst, wenn sie über die Schule lästern. Mascha hilft ihnen dann manchmal noch bei den Aufgaben. Und dich zieht es wieder in die Beiz. »Marco hat sich früher mehr für uns interessiert«, sagt unsere Tochter Anja. Du holst Rägel im Tanzstudio ab. Oder ihr trefft euch direkt im Kornhaus, gönnt euch reichlich Wein und parliert mit andern Gästen über aktuelle Theaterkritiken und politische Ereignisse, die dich zunehmend deprimieren. Rägel wohnt inzwischen allein.

*

Dein Freund Jürg Weis unterstützt zu dieser Zeit immer noch revolutionäre Bewegungen in Lateinamerika. Wenn er in der Schweiz ist, kommt er immer wieder zu dir. Er will dich jetzt auch für die Aufbauarbeit in Nicaragua begeistern. Du hast nun Zeit und zögerst dennoch. Dein Magen brennt. Tabletten lindern deine Schmerzen, die du überspielst. Drängt sich eine weitere Operation auf? Vor der letzten bist du fast gestorben. Völlig abgemagert. Aber das verschweigst du gegenüber Jürg. Und er tut so, als seist du immer noch recht sportlich unterwegs.

Bald kommt Jürg nicht mehr zu Besuch, um zu erzählen, mit dir Tischtennis zu spielen, seine Gitarre zu zupfen und von Comandante Che Guevara zu singen. Jürg sucht 1988 in El Salvador zum Verschwinden gebrachte Guerilleros, wird, wie bereits erwähnt, in einen Hinterhalt gelockt und ermordet. Die Nachricht überrascht uns am Gedenktag an Irene von Moos. Irene wurde im selben Monat bei einer ethnologischen Forschung in Pakistan getötet und berichtete vor ihrer Abreise noch, vor welchen Schweizer Freunden Afghanistans sie sich besonders fürchte.

»Zu Jürgs Tod« liegt ein Zettel von dir auf meinem Pult: »I ha e paar Ziile gmacht. Si sy zymlig altmodisch geschribe. Aber im Grund gno, sy mer jo au altmodischi Lüt – mer glaube immer no an öppis, gäll.«

Ja, du studiertest mit Jürg und er lebte dann eine Zeitlang mit uns in der WG, engagiert und zuversichtlich. Das war eine intensive, oft stimmige und bewegte Zeit. Mit Politik, Happenings, Knatsch und liebevoller Zuwendung. Jürg ließ sich immer gerne bitten, zu seiner Gitarre zu greifen oder bei einem Fußballspiel auszuhelfen.

»Und wo sind sie geblieben, die Genossen von anno dazumal?« Das fragte er immer bei späteren Besuchen, den Mund leicht verzogen und gequält lächelnd. Ja, das »Abdriften alter Kämpen« betrübte ihn.

»Sechs Saiten waren ihm gegeben«, schreibst du weiter. »Die richtigen Lieder lernte er dazu. Lebte nach ihnen, sang sie nicht nur. Dass Saite um Saite nach und nach zersprang. Nahm er in kauf. Zog nicht wie viele andere, einfach neue Saiten auf. Lässt die alten hoffnungsvollen Weisen. Auf der letzten Saite noch erklingen. Wundert sich wie lang sie hält. Wissend, sie wird auch zerspringen.«

*

Du willst nun, 1988, »dennoch etwas tun«, einen alten Faden aufnehmen und eine kleine Agentur gründen. Du platzierst bei Medien ein paar Texte von deinem Kollegen Alois Bischof, der das aber auch bestens selber kann. Das weißt du wohl. Bist auch unmotiviert. Und was aus deinen eigenen »Fingerübungen« entsteht, hältst du unter Verschluss.

Auf depressive Verstimmungen angesprochen, mokierst du dich über »vulgärpsychologische Zuschreibungen«, räumst aber ein, »ab und zu leicht schwermütig« zu sein. Mir gibst du hin und wieder »etwas zu lesen«. Ich reiche eine Erzählung der *Beobachter*-Redaktion weiter, die sie veröffentlichen will und dich kontaktiert. Aber du winkst ab. Das sei keine öffentliche Geschichte, sondern nur eine für deinen »kleinen Bruder«. Warum eigentlich?

»Gestern Abend bin ich spät nach Hause gekommen und habe gemütlich am Küchentisch sitzend an dich gedacht«, schreibst du mir im Mai 1989 zu meinem 38. Geburtstag. Und: »Weil ich so schön dran war, machte ich die halbe Nacht weiter. Ich reihte Geschichten, Gefühle und Stimmungen, die uns verbinden, aneinander. Von deiner Geburt an, die den großen Vorteil hatte, dass es für uns Schoggi-Waffeln gab, bis hin in unsere Tage. Das Ganze bereitete mir viel Vergnügen. Ich feierte sozusagen ganz für mich deinen Geburtstag. Wir haben viel zusammen geteilt. Zimmer und Bett, Sport und Vergnügen, Gedanken und Engagement. So sehr ich mir auch Mühe gab, ich konnte mich kaum an negative Begebenheiten mit dir erinnern. Wir brauchten nie Bruderschaft zu trinken, um uns gute Brüder zu sein und zu bleiben. Ich bin glücklich darüber, dass wir zusammen aufwuchsen und bleiben durften. Ich wünsche dir (und mir) von Herzen alles Gute. Marco.

PS: Ich würd dir und em Esthi gärn Billet bsorge. Am 29.5. isch es Moustaki-Konzärt (Stadt-Casino).«

Danke, lieber Marco, für deine schönen Worte, die Tickets und alles. Das hätte ich dir damals schon deutlicher sagen sollen. Ich entdecke deinen Brief erst jetzt wieder, gut drei Jahrzehnte danach. Ja, wir verstanden uns blind, wie im Handball. Das bleibt für mich sehr wertvoll. Aber ich ließ mich so auch blenden und umstimmen. Zum Beispiel, wenn ich für dich ärztliche Hilfe anfordern wollte. Dann machtest du geltend, jetzt nur etwas Ruhe zu benötigen. Doch schon wenige Wochen nach deinem Schreiben kollabiertest du. Ich telefonierte Ruth M., einer befreundeten Ärztin, und sie alarmierte sofort den Notfall. Du wogst, ausgelaugt und abgemagert, weniger als vierzig Kilo. Zwei Sanitäter trugen dich die Treppen runter. Was für ein Bild. Es holt mich immer wieder ein.

Im Claraspital operierte dir dann just dein Kollege M. drei Viertel deines Magens aus deinem einst sportlichen Körper. Und im Juli 1989 schrieb ich dem Betreibungsamt: »Mein Bruder ist im Spital. Ich habe den Zahlungsbefehl entgegengenommen, die geforderten Krankenkassenprämien bereits vorher der OeKK überwiesen und begleiche heute noch die übrigen ausstehenden Beträge. Hoffentlich ist die Sache damit erledigt. Entschuldigen Sie bitte die Umstände.«

Die Spirale drehte schon lange abwärts, gesundheitlich und auch sonst. Im Februar 1988 schrieb ich nach deiner früheren Magenoperation eine »Grabrede für meinen (fast) verstorbenen Bruder«. Sie endete mit der seltsamen Zeile: »Auch ich bin Marco.« Vielleicht solidarisch gemeint. Ich weiß es nicht mehr. Und nehme diesen Text erst jetzt wahr, wie viele Briefe, die du, für mich überraschend, aufbewahrt hast.

*

Im Oktober 1989 gräbt Vater Samuel den Garten um. Er macht um zehn Uhr eine Pause. Während seine Gattin Flora ihm einen Kaffee zubereitet, ereilt ihn, scheinbar aus heiterem Himmel, ein tödlicher Herzinfarkt.

Am Nachmittag wollte Samuel mit dem Velo noch nach Liestal radeln und mit einem Kollegen im Café Falken eine Partie Schach spielen. Er genoss die freie Zeit. Vor seiner Pensionierung hielt er wöchentlich drei bis vier Vorträge, meistens abends. Nachher strikt keine mehr. Er lehnte alle Anfragen ab, wollte sich nun die Zeit selbst gönnen.

Und auf das alte, geliebte Geschäftsauto verzichtete er,

stolz. Und wohl leicht verletzt. Er hätte es nach langjährigem Engagement mit unzähligen unbezahlten Überstunden zu einem günstigen Preis übernehmen können. Und kaufte sich dann lieber ein kleines, erstmals ganz neues, wirklich eigenes, knallrotes Auto, das er später unserem ältesten Bruder Walter schenkte, zu dem er früher strenger war als zu uns.

Vaters Schachkollegen, den er am Nachmittag treffen wollte, kanntest du ja auch, den Bauern Hans E. aus K. Du spieltest als Bub einmal mit ihm, hättest ihn gut matt setzen können, liessest ihn aber, auf Vaters leisen Wink hin, gewinnen. Der Landwirt brachte uns immer überschüssige Äpfel. Solltest du ihn bei guter Laune halten? Das gelang dir einfach. Du warst ein aufgeweckter, netter Bub. Und lerntest auch so, wie erhebend es ist, großzügig zu sein.

Einen Sack Kartoffeln brachte der Bauer auch etwas unbeholfen, nachdem unser Bruder Walter ihm 1956 als Bub auf dem Hof beim Korndreschen geholfen hatte, verunfallte, seinen halben Fuß verlor und zwölf Wochen im Spital Liestal lag, ein paar hundert Meter vom (Schach-)Café Falken entfernt. Ich sehe Walter noch vor mir, wie er einst im kalten Winter von draußen durch das Glasfenster der Sporthalle zuschaute, wie wir Handball spielten. Später umsegelte er mehrmals die ganze Erde.

»Schon früh lernte Sämi M. die Alkoholnot in der eigenen Familie kennen«, schreiben Freunde im Nachruf auf unseren Vater (*Basellandschaftliche Zeitung*, 20.10.1989). Er habe dann einen besseren Weg einschlagen wollen. So sei denn seine Hingabe während seines 23-jährigen Wirkens als Fürsorger »fast grenzenlos« gewesen. Das habe von der Familie große Opfer verlangt. Seine Frau sei ihm mit »Kraft und Hilfe« zur Seite gestanden. »In Familie und Beruf gerieten die beiden ab und zu an den Rand ihrer seelischen und körperlichen Kräfte.«

*

Du, lieber Marco, verlässt nun Ende 1989 unsere Basler WG und zügelst zweiundvierzigjährig nach Sissach zur Mutter. Du gehst am Vormittag für sie einkaufen, bringst ihr jeweils eine kleine Überraschung und dir eine Flasche Roten. Tagsüber streifst du oft durch die Wälder. Hinter dem einen oder andern Baum lagert eine Flasche. Am späteren Nachmittag kommst du, schon ein wenig angeheitert, mit einem Zweig, ein paar Tannenzapfen oder Wildblumen zurück. Nach dem Abendbrot hört ihr im Radio die spätere Ausgabe vom »Echo der Zeit«, plaudert noch ein wenig, spielt ein Halma oder lest euch etwas vor. Dann zieht sich Flora mit einem Buch in ihr Schlafzimmer zurück und du gehst »noch kurz auf einen Schlummertrunk ins Dorf«. Daraus wird meistens eine längere Kneipentour.

Deinen ersten Halt machst du heute just im Hotel Sonne. Da triffst du zwei Kollegen vom »Philosophen-Club der Anstößigen«, den du mitbegründet hast. »Die Welt wäre besser«, sagst du zu ihnen, »wenn die Männer bloß dächten, woher sie kommen, aus einer Mutter Schoß.« Euer Gespräch führt bald in die Vergangenheit. Ohne »Weisch-no«-Nostalgie. Ihr kommt auf den Altertumsforscher Johann Jakob Bachofen und darauf zu sprechen, was den Rechtshistoriker dazu bewogen haben könnte, schon im 19. Jahrhundert als Privatdozent an der Universität Basel über das Matriarchat und den Stellenwert von Frauen in frühen

Gesellschaften zu forschen. Ein Kollege fragt noch, was eigentlich davon zu halten sei, dem längst verstorbenen Dichter Friedrich Nietzsche (1844–1900), der einst in Basel unterrichtete, einen Lehrstuhl für Philologie oder Philosophie zu widmen. Nach kurzem Hin und Her verabschiedest du dich wie gewohnt vorzeitig mit einem Joke. »Wenn du zu einer Frau gehst«, sagst du und tippst dabei an deine tiefe Stirnfurche, »dann vergiss nicht, vorher dein Spatzenhirn abzugeben.« Manchmal gelingen dir stimmige Wortspiele. Doch deine beiden Kollegen lachen auch jetzt. Vielleicht aus Höflichkeit. Zudem sinken mit steigendem Alkoholpegel die Ansprüche. Ja, aber euer »Philosophen-Club der Anstößigen« hat Niveau. Er bedeutet dir viel.

Du schlenderst jetzt über den Dorfplatz. Die Parkflächen sind konsumfreundlich ausgedehnt. An der Hauptstraße ersetzt ein Fitnesszentrum eine alte Velowerkstatt. Und in der ehemaligen Bäckerei befindet sich jetzt ein Nagelstudio. Du biegst zum Restaurant Zum Eidgenossen ab und setzt dich an einen Tisch, an dem sich ein Gärtner und ein Kunstschaffender unterhalten. Du horchst auf. Die beiden reden über Bestattungen, Grabsteine und den Tod. »Wer geht, muss einfach alles zurücklassen«, sagt der eine. »Man kann das Geld ja nicht mitnehmen«, der andere. Das sei ein Akt der Gerechtigkeit. Der Tod mache alle gleich. Du hörst zu, wirst angesprochen, nickst bedächtig, magst aber auch hier nicht verweilen und ziehst weiter.

Deinen nächsten Zweier genehmigst du in der früher gehobenen Weinstube Tschudi. Hier gehst du zum hinteren Ecktisch im Seitenstübchen und willst jetzt allein sein. Die Beizerin stellt dir wie gewohnt eine Karaffe mit Rotwein hin. »Von Toni spendiert«, sagt sie. Du lässt danken.

Toni ist ein Einzelgänger. Er redet verlangsamt, sammelt Alteisen und Altpapier. Er bekommt dafür in der Sammelstelle ein paar Batzen. Toni hat eine Teilrente. Seine Abende verbringt er meistens relativ schweigend in Kneipen. Die Stammgäste grüßen ihn. Toni kommt aus einer ärmlichen Familie. Er wirkt wie ein Alki, nippt aber sehr lange an einem Bier. Du hilfst ihm jedes Jahr, die Steuererklärung auszufüllen. Deine eigene rührst du nicht an. Du ließest dich früher einschätzen. Das kam dich teuer zu stehen. Bruder Walter kümmert sich inzwischen darum. Das sei übergriffig, kritisierst du und akzeptierst die Dienstleistung.

Du lehnst den Begriff »Alki« ab. Das Unwort reduziere Personen auf deren Abhängigkeit. Du meinst noch immer, deinen Konsum selbst kontrollieren zu können. Um dir das zu bestätigen, machst du immer wieder die Probe aufs Exempel. Wenn du dich auf den Heimweg begibst, gehst du nochmals bei der Linde oder sonst einer Kneipe vorbei. Du willst ihr die kalte Schulter zeigen und kehrst dann gleichwohl ein.

Eine baskische Möbelkollektion, die auf ökologische Materialien setzt, heißt übrigens auch »Alki«. Und den »Alki Point« kennst du ja, den Vorort von Seattle, der größten Stadt im US-Bundesstaat Washington. Sie erinnert an den Indianer Noah Seattle, der 1848 zum Katholizismus konvertierte und sich mit den weißen Eindringlingen arrangierte.

Für den Chansonnier Hannes Wader ist Seattle ein ökologischer Visionär. Er bezieht sich dabei auf eine nur fragmentarisch überlieferte Rede und schmückt sie im Song »Wir werden sehen« weiter aus. Die fiktiven Worte sprechen dich an: »Wir sind selbst ein Teil der Erde. Und sie ist ein Teil von uns.« Und: »Wenn der letzte Baum gerodet und die letzte Stadt verwüstet ist, merken wir, wie wenig uns Geld nützt.«

Du hast die Geburtsstätte von Seattle mit Rägel besucht. Auf einer Postkarte bezeichnest du ihn als »Pazifist, der selbst die Holzfäller liebte, die den Indios das Land raubten«. Wer weiß, vielleicht meinst du das selbstironisch.

1990 schreibst du mir auf einer Karte: »He, Was starrst du auf Schatten. Wo Schatten sind, da ist auch Licht. Sieh doch, vor deinem eignen Schatten erstarrst du nicht. Die Zeit rinnt an mir ab. Und ich entrinne der Zeit. Ob ich sie hab, oder sie mich, bleibt Zeitvertreib.«

*

Im November 1991 bitte ich dich um eine Geschichte für eine Weihnachtsfeier mit angehenden Sozialarbeitenden. Ein paar Tage später liegt sie auf meinem Pult. Mit dem Vermerk: »Frohes Fest«. Die Geschichte ist etwas ausführlicher als erwartet. Studierende wechseln sich dann beim Vorlesen ab und sind angetan. Anders die Co-Dozentin Susann M., die dich von der Gassenarbeit her kennt. Es nervt sie, wie du einen Säufer idealisierst. Du bist für mich in dieser Geschichte gut spürbar und gibst so viel von dir preis.

Frohes Fest – Marco erzählt

»Es war Sonja sofort klar«, schreibst du, »dass sie diesen Mann, der da gegen die Mauer gelehnt vor sich hin sprach, schon ein paar Mal gesehen hatte. Diesen alten Mann mit den ärmlichen Kleidern und dem schönen Hemingway-Gesicht. Weiß die Haare und der Bart. Rot die Gesichtsfarbe, herrührend von der Sonne, oder vom Bären, vom Kreuz, vom Schluuch oder von sonst wo. Sie hatte ihn schon gesehen auf einer Bank am Fluss, mit dem Migros-Tragsack durch Gassen schlurfend, Tauben fütternd. Sein Gesicht war ihr aufgefallen – mehr nicht. Da stand er nun, eine etwas gewagte Behauptung, gegen die Mauer gelehnt und war offensichtlich stark besoffen.

Was tun? Es war später Abend. Sonja war Studentin an der Schule für Sozialarbeit, hatte noch einen Vortrag mit dem schönen Thema ›Psychohygiene im Alltagsstress‹ besucht und war entsprechend müde. Sie überwand jedoch ihren zu dieser Stunde und in diesem Quartier durchaus angebrachten Reflex, die Straßenseite zu wechseln, und ging einer inneren Regung folgend auf den alten Mann zu. Sonja hörte sich lauter, als sie eigentlich wollte, ›guten

Abend‹ sagen und fragen, ob sie helfen könne. Der alte Mann schaute mit glänzenden Augen in ihre Richtung und wiederholte, wie viele Betrunkene es zu tun pflegen, eines der letzten Wörter, das er gehört hatte: Helfen, helfen, helfen, ohne viel mit diesem für ihn etwas exotischen Begriff anfangen zu können. Sonja spürte keine Ablehnung und beschloss, konkreter zu werden. Sie bot ihm ihren Arm an und sagte einfach: Kommen Sie, ich bringe Sie nach Hause.

Der Mann blinzelte, straffte sich ein wenig und hängte sich wortlos bei Sonja ein. Gemeinsam – mit etwas eigenwilliger Linienführung, aber immerhin – schlurften sie von dannen. Da er auf entsprechende Fragen nicht reagierte, nahm Sonja an, dass er auch in diesem Zustand den Heimweg noch wüsste und ließ ihn die ungefähre Richtung bestimmen. Es war kalt und Sonja war froh, als der Mann vor einem alten Haus in einer Seitengasse stehenblieb und mit weit ausholender Armbewegung andeutete, dass er hier zu Hause sei. Umständlich klaubte er einen großen Schlüssel aus der Manteltasche und schloss noch umständlicher die Haustüre auf. Es wäre schneller gegangen, wenn Sonja dies getan hätte, aber sie wollte ihn nicht beleidigen. Er richtete sich wieder auf und streckte Sonja seine Hand hin. Sie schlug ein. ›Sepp‹ sagte er, ›Sonja‹ sie. Sepp versuchte krampfhaft, ihr Gesicht mit seinen Augen zu fixieren und schüttelte immer wieder den Kopf. Wahrscheinlich war es sehr lange her, dass er von einer jungen Frau heimbegleitet worden war. Mühsam brachte er ein paar Worte hervor, denen Sonja entnehmen konnte, dass er ihre Erscheinung im Bereich der Engel oder zumindest der guten Feen anzusiedeln geneigt war. Ein Danke glaubte sie auch herausgehört zu haben. Sonja musste sich eine gewisse Rührung zugestehen. Spontan legte sie ihm eine Hand auf die Schulter und schlug ihm vor, sich morgen Nachmittag um drei Uhr in einem nahe gelegenen Café zu treffen, sie würde gerne mit ihm plaudern. Sepp nickte. Ob er wohl verstanden hatte? Sie wünschten sich eine gute Nacht und trennten sich.

Auf ihrem restlichen Heimweg hatte Sonja ein gutes Gefühl im Bauch. Aber sie wunderte sich doch über ihre Spontaneität. War das wohl richtig vom sozialarbeiterischen Standpunkt aus? Andererseits interessierte sie dieser Mann und sie würde es später vielleicht noch häufig mit solchen Menschen zu tun haben. Auch müsste sie eigentlich noch gar nicht wissen, ob ihr Vorgehen richtig war, sie sei ja noch in Ausbildung und überhaupt, vielleicht komme Sepp gar nicht. Mit diesem mentalen Valium schlief Sonja, zu Hause angekommen, ruhig ein.

Wie immer erstaunt darüber, dass er auf seinem eigenen Bett lag, wachte Sepp am andern Morgen auf. Mit gewaltig brummendem Schädel richtete er sich auf. Nach geraumer Zeit stand er etwas wackelig auf seinen Beinen. Anzuziehen brauchte er sich nicht, hatte er doch den Vorteil desjenigen auf seinen Seiten, der sich fürs Schlafen erst gar nicht auszieht. Wohlgefällig blickte er auf die Unordnung in seinem Zimmer, das eher einer Höhle glich, aber es war seine Höhle. Routinemäßig braute er sich auf seinem Gaskocher einen starken schwarzen Kaffee und trank ihn unter Beigabe von Zitronensaft ungesüßt, ein altes Trinkerrezept, das mit Garantie die Revolte im Schädel niederzuschlagen imstande ist. (Ohne Ihnen etwas unterstellen zu wollen, versuchen Sie es mal, es schmeckt fürchterlich, aber es hilft. Ich rede aus Erfahrung.) Mit zitternden Händen trank er und versuchte, sich an den gestrigen Abend zu erinnern. Viel war da nicht zu machen, aber ein paar Bruchstücke irritierten Sepp.

Ein schemenhaftes Gesicht, Stil Engel oder Fee, der heutige Nachmittag und das naheliegende Café. Wie Blinklichter tauchten die drei Sachen vor seinem inneren Auge auf. Sepp kombinierte haarscharf. So fantastisch es klang, er musste gestern mit einer Fee oder einem Engel für heute Nachmittag im Café abgemacht haben. Der genaue Zeitpunkt war seinen strapazierten Hirnwindungen trotz allen Bemühens nicht zu entreißen. Sepp, der ein neugieriger Mensch war, beschloss, seine geradezu pathologische Abneigung gegen solche Lokale zu überwinden und den heutigen Nachmittag im Café zu verbringen. Komme was wolle, und kommt es nicht – auch gut. Er verzichtete schweren Herzens auf seine jetzt fälligen zwei Flaschen Bier, mit denen er üblicherweise das Zittern der Hände erfolgreich bekämpfte. Er wollte seinem Engel keine Alkoholfahne zumuten – für Sepp eine Frage der Pietät.

So konnte man denn Sepp ab 14 Uhr an einem Ecktisch des besagten Cafés sitzen sehen, von wo aus er die Eingangstüre beobachten konnte. Vor sich eine Tasse Kaffee. Die übrigen Tische waren mäßig besetzt, alles Frauen. Sepp schalt sich einen Narren und kam sich vor, wie etwa Ueli der Knecht, wäre der bei den De Meurons oder von Steigers zum Tee eingeladen gewesen, nämlich daneben. Wie auch immer, er spürte ein Kribbeln unter der Haut und belauerte die Tür, hin und her gerissen zwischen der Hoffnung, dass und dass nicht.

Punkt drei Uhr öffnete sich die Tür und eine junge, hübsche Frau steuerte geradewegs auf Sepp zu, der an diesem Ort ja wirklich nicht zu übersehen war. Sepps Augen weiteten sich, sein Engel war ein leibhaftiger Mensch geworden. Als eben dieser ihn mit seinem fröhlichen ›Guten Tag Sepp‹ begrüßte, machte es Klick in seinem Hirn und er sagte ebenso fröhlich wie überrascht ›Grüezi Sonja‹ und ergriff dankbar die dargebotene Hand. Sonja setzte sich und bestellte Kaffee. Sie hatte sich, wie es sich gehört, ein wenig auf dieses Gespräch vorbereitet und ließ gar nicht erst eine peinliche Stille aufkommen. Mit keinem Wort erwähnte sie den gestrigen Abend, sondern berichtete aufgestellt, dass sie sich auf diesen Moment gefreut habe. Sie habe extra eine stinklangweilige Vorlesung geschwänzt, was ihre Freude noch verdopple. Sie lachten beide. Das Eis war gebrochen, noch bevor es sich gebildet hatte. Sie habe Sepp schon ein paar Mal in der Stadt gesehen, fuhr Sonja fort, und sich dabei immer gefragt, was er wohl für ein Mensch sei, wie er lebe, was man sich eben so fragt, wenn man einen interessanten Menschen sieht. Natürlich habe sie niemals daran gedacht, dass man sich einmal gegenüber sitzen würde. Sepp spürte durchaus das echte Interesse, das diese junge Frau ihm und seinem Schicksal entgegenbrachte und er begann, zuerst recht allgemein, nach und nach detaillierter von sich und seiner Umgebung zu erzählen. Sonja entpuppte sich als eine gute Zuhörerin und wusste Sepps Redefluss geschickt mit gelegentlichen ›Mms‹ und kleinen, ermunternden Bemerkungen zu unterstützen.

Während er redete, hatte Sonja Gelegenheit, Sepps Gesicht in Ruhe und bei Tageslicht zu betrachten. Es war ein schönes, altes, zerfurchtes Gesicht, umrahmt von wirr gelockten, weißen Haaren und einem üppigen weißen Bart.

Vom Rot des Teints war schon die Rede und wird hier weggelassen. Der Schalk in den Augen schien die darunter liegenden Tränensäcke zu verspotten. Die Ohren waren eher klein und kontrastierten in angenehmer Weise mit einer Nase, die als enorm bezeichnet werden darf. Am besten gefielen Sonja die Lachfältchen, die sich – im Dutzend billiger – von den Augenwinkeln bis zu den Schläfen hinzogen. Dieser Mann hatte sicher ebenso viel gelacht wie geweint in seinem Leben. Ihre Beobachtungen hinderten Sonja nicht daran, Sepp aufmerksam zuzuhören. Es ist ihr auch hoch anzurechnen, dass sie ab und zu zum Fenster hinaus blickte, nachdem sie bemerkt hatte, dass seine Hände zitterten, um ihm dergestalt zu ermöglichen, unbeobachtet einen Schluck Kaffee zu trinken. Selbstverständlich durchschaute Sepp dieses Bestreben und ... wusste es zu schätzen.

Man soll nun nicht denken, dass dieses Gespräch eine durch und durch einseitige Angelegenheit war. Dazu war Sepp viel zu neugierig. Er wollte mehr über sein sympathisches Gegenüber wissen. Dass seine Fragen sehr direkt ausfielen, störte Sonja nicht. Die Atmosphäre war gelöst und sie gab offene Antworten. Dies umso mehr, als sie hier nicht befürchten musste, dass jeder Satz gekehrt und gewendet, auf Schwachstellen abgeklopft und nach einem semantischen Dialysebad kritisch analysiert würde. So erfuhr Sepp einiges. Unter anderem, dass sie nach der Matura kein trockenes Studium aufnehmen wollte und sich deshalb für die Sozialarbeiterschule entschied, hatte doch ihre Familie schon eine soziale Schlagseite, die sich vor allem in karitativer Weise äußerte. Darüber wollte sie hinauskommen und lernen, wie man in effektiver Weise Hilfe leisten kann.

An dieser Stelle des Gesprächs übrigens übersah Sonja, wie Sepp kurz zusammenzuckte, zog er doch Beelzebub aufgrund vieler schmerzlicher Erfahrungen einem Sozialarbeiter alleweil vor. Von Sepp und der Bibel stammte auch der bemerkenswerte Spruch: ›Eher geht ein Kamel durch ein Nadelöhr als Sepp freiwillig zu einem Sozialheini.‹ Und da saß nun Sonja, eine angehende Sozialarbeiterin, und sie war ihm sympathisch. Sepps Weltbild hatte einen veritablen Schlag erhalten. Von diesem Schlag mal abgesehen, war es ein schönes, intensives Gespräch und irgendwie war es zum Schluss – Sonja musste wieder in die Schule – für beide selbstverständlich, dass man sich für morgen wieder verabredete.

Beschwingt ging Sonja in die Schule zurück. Dass sie geschwänzt hatte, belastete sie in keiner Art und Weise, im Gegenteil. Sie durfte sich sozusagen selber auf die Schultern klopfen. Sepp hatte ihre konsequent akzeptierende Haltung mit seiner Offenheit reichlich belohnt und deren Wirksamkeit bestätigt, wobei sie sich ehrlicherweise eingestand, dass ihre Sympathie für diesen Mann und seine Höflichkeit ihr die Einnahme dieser Haltung nicht unwesentlich erleichtert hatten. Sicher, Sepp war arm, gesundheitlich angeschlagen, abgebaut, Alkoholiker. Hatte er nicht selber gesagt, er sei ein ergebener und sehr aktiver Untertan von König Alkohol. Aber er war nichtsdestotrotz ein wertvoller Mensch, der viel Pech gehabt hatte in seinem Leben. Sonja wollte versuchen, ihm zu helfen. Nicht moralisieren, nein, aber vielleicht führten ihre Gespräche dazu, dass er mehr auf sich achtgab, sich vielleicht sogar von seiner Sucht befreite. Deshalb war es so wichtig, ihn einmal zu treffen im Tag, ihm einen Fixpunkt zu geben, auf den er sich freuen konnte. Sonja erreichte ihre Schule voll motiviert!

An diesem Abend ging Sepp nicht wie üblich in die Beiz. Er blieb in seiner Höhle, machte sich Spiegeleier, trank einen Kaffee nach dem andern und dachte nach. Die ganze Situation stellte irgendwie eine Herausforderung für ihn dar. Sein Stolz war angesprochen. Er beschloss, in der nächsten Zeit auf Sonja einzugehen. Wenn sie schon diesen Beruf studieren wollte, sollte sie möglichst viel von ihm lernen können. Wahrscheinlich hatte er ihr einiges zu bieten, was über alle Schulweisheit hinausging. Dazu war sie ihm sympathisch, verdammt noch mal.

So kam es, dass sich Sonja und Sepp nun täglich trafen. Es wäre vermessen und vom Berufsgeheimnis her unangebracht, über diese Gespräche im Detail zu berichten. Aus jedem Gespräch könnte man einen in sich geschlossenen Tatsachenroman machen. Nur so viel sei, quasi zusammenfassend, verraten. Sepp kam voll aus sich heraus. Er war in erzählerischer Hinsicht ein Naturtalent. Schier unerschöpflich war der Erfahrungsschatz dieses armen, halb zerlumpten, stolzen Mannes. In ihm schien alles vereint, was jedes ernsthafte Sozialarbeiter-Herz höher schlagen lässt. Frühkindliche Schäden, Verhaltensstörungen jeder Art, Devianz in allen Variationen, asoziale Muster, Delinquenz in verschiedenen Erscheinungsformen und, und, und. Allein die Anamnese wäre ein Knüller. Mit all diesen Hypotheken musste Sepp durchs Leben gehen. Dies unter denkbar ungünstigen Rahmenbedingungen, außerehelich geboren, Raben als Pflegeltern, Waisenhaus, Verdingbub, Arbeitserziehung, Psychiatrie, Kiste. So wurde Sepp aufs Leben vorbereitet. Wen wundert's, was kam. Ausbruchsversuche,

Matrosenleben auf hoher See, Legion, Rückkehr, der großen Liebe folgt die große Enttäuschung, Flucht in den Alkohol, ›Les fleurs de la nuit‹, die Feste, die Kumpanen, dann und wann Arbeit. Jede Menge Ärger mit Behörden. Ab und zu Gefängnis (meist aufgrund eines Missverständnisses zwischen ihm und dem Staatsanwalt, das jedoch die Gerichte mit sturer Regelmäßigkeit zu seinen Ungunsten interpretierten, wie Sepp betonte).

Von all dem erzählte Sepp und Sonja wunderte sich, dass er es ohne Bitterkeit tat, obwohl er doch alle Winkel menschlichen Schattendaseins kennengelernt hatte. Und er erzählte gut. Wenn er von Bangkok sprach, war Sonja in Bangkok, oder in Hamburg oder sonst wo. Wenn er vom Gefängnis berichtete, war Sonja im Gefängnis. Manchmal war es, als ob Robert Walser, Karl May, Friedrich Glauser und Ernest Hemingway mit am Tisch säßen, so plastisch und kenntnisreich waren Sepps Schilderungen. Auch Sonjas Vokabular erweiterte sich zusehends. Von Loge, Bunker über Schwuchtel, Zocker, Stenz bis hin zur Schluck- & Druckstelle (städtische Alkohol- und Drogenberatungsstelle) war ihr bald nichts mehr fremd. Auch im Paragrafenwald und im Sozialinstitutionendschungel bewegte sich Sepp wie ein alter Trapper. Sonja lernte tatsächlich viel.

Man darf sagen, dass ihnen die Zeit nie lang wurde bei ihren Gesprächen. Manchmal erzählten sie sich auch Belangloses oder Witze. Auf jeden Fall wurde auch viel gelacht. Es war eine gute Zeit für beide. Sonja war es nicht entgangen, dass Sepp von Tag zu Tag besser aussah. Offensichtlich trank er nicht mehr. Das Zittern der Hände war vorbei, das Weiß der Augen verdiente wieder diese Bezeichnung, die Nase leuchtete nicht mehr wie das Faulhorn im

Alpenglühen. Natürlich freute sich Sonja und unterstützte Sepp, indem sie sich anerkennend zu seinem Aussehen äußerte.

Nachzutragen wäre noch, dass Sepp Sonjas vor ein paar Tagen vorgetragene Bitte, die Wohnung säubern zu dürfen, nicht abschlägig beantworten mochte. Er ging in dieser Zeit spazieren. Bei seiner Rückkehr glaubte er zuerst, er habe die Wohnung verwechselt.

Eines Tages, es mag etwa vierzehn Tage nach ihrer ersten Begegnung gewesen sein, wartete Sonja wie gewohnt im Café auf Sepp. Er hatte sich offensichtlich etwas verspätet. Dann kam er. Schön war er anzusehen. Er hatte sich bei der Caritas einen neuen Wintermantel besorgt. Ein stattlicher alter Mann, so stand er da, einen Arm hinter dem Rücken verborgen. Er ging auf Sonja zu. Alle Blicke folgten ihm. Er begrüßte Sonja feierlich, fast verlegen und legte ihr einen Riesenstrauß langstieliger, dunkelroter Rosen auf den Schoß, lächelnd beantwortete er ihren fragenden Blick mit dem Hinweis, dass er heute Morgen einen alten Kumpel im Spital besucht habe. Viele Leute würden mit Blumen ins Spital gehen, wenn sie jemanden besuchen, das könne jeder, aber mit Blumen wieder raus? Nun lächelte auch Sonja.

Sepp setzte sich umständlich und fand zu seiner anfänglichen Feierlichkeit zurück. In kurzen, wohl gesetzten Sätzen drückte er Sonja seine Dankbarkeit für alles aus, was sie für ihn in der letzten Zeit getan und bedeutet hatte. Jetzt aber heiße es Abschied nehmen. Sie habe ihm mit ihrer Zuneigung und ihren Fähigkeiten entscheidend weitergeholfen und er sei nunmehr in der Lage, seinen Weg alleine weiter zu gehen. So schwer es ihm falle, er könne und wolle sie und ihr großes Talent nicht weiter beanspruchen. Dies auch aus Solidarität zu jenen, die sie nötiger hätten als er. Er habe die feste Überzeugung, dass sie eine sehr gute Sozialarbeiterin werde, wahrscheinlich die erste gute überhaupt. Während Sepp sprach, war er wieder aufgestanden. So auch Sonja. Sie spürte, er hatte Recht. Es war eine schöne, runde Sache gewesen. Sie ergriff seine Hände und küsste ihn zart auf die beiden Wangen. Sepp drehte sich um und verließ rasch das Café. Ob sie geweint haben? Es ist wohl anzunehmen. Aber glücklich waren sie alle beide.

Als Sepp an diesem Abend in seiner Stammbeiz auftauchte und sich wie gewohnt zu seinen Saufkumpanen setzte, gab es ein großes Hallo. Freudig wurde der Lügenbaron begrüßt, denn so nannten sie ihn liebevoll, weil keiner wie er unwahre Geschichten so wahr erzählen konnte. Aber was ist schon Wahrheit? Hat nicht schon König Pilatus danach gefragt und es nicht gewusst, warum sollten ausgerechnet sie es wissen. Es kam auch nicht darauf an. Eine Geschichte ist gut, wenn sie aus dem Leben gegriffen ist, wenn sie so hätte sein können. Aber lassen wir das.

Keiner fragte Sepp, wo er in der letzten Zeit gesteckt habe. Da galt das k.o.k.-Prinzip. Krank oder Kiste. Sah einer schlecht aus, war er krank, sah er gut aus, war er in der Kiste. Sepp sah gut aus. Was sollte man also fragen?

Nach ein paar Flaschen Bier mit Seitenwagen begann Sepp von seinen jüngsten Erlebnissen mit Sonja zu erzählen. Die Kumpane rückten zusammen. Sie spürten, dass es etwas Besonderes war, was Sepp da berichtete, etwas besonders Wahres. Als er geendet hatte und sie realisierten, dass Sepp, ihr Sepp, die Herausforderung angenommen und vierzehn Tage nichts getrunken hatte dieser jungen Frau zuliebe und um ihr von den Schattenseiten zu berichten und ihr weiterzuhelfen, und dass eine für beide runde Sache daraus geworden war, da klatschten die Kumpane in die Hände und gratulierten Sepp herzlich. Runde um Runde kam auf den Tisch, selbst die Wirtin, die zugehört hatte, spendierte eine.

Und nach Beizenschluss begleiteten die Kumpane Sepp unter Mitnahme einiger Flaschen nach Hause, um ihm ihrerseits eine große Freude zu machen, indem sie seine Wohnung in Rekordzeit in den alten Zustand setzen. So machten denn alle dem nahen Weihnachtsfest als einem Fest der Freude alle Ehre, indem sie sich gegenseitig Freude bereiteten. Die Sonja dem Sepp. Der Sepp der Sonja und seinen Kumpanen, die Kumpane schließlich Sepp mit dem Instandsetzen der Wohnung, und nicht zu vergessen die Wirtin mit ihrer Freirunde. Halleluja Amen.«

*

Soweit deine (Weihnachts-)Geschichte. Du wolltest, von mir darauf angesprochen, nicht weiter darüber reden. Und schon gar nicht an die 1991er Weihnachtsfeier mit den angehenden Sozialarbeitenden kommen. »Eine Geschichte ist eine Geschichte«, sagst du. Sie soll für sich sprechen.« Also denn, lassen wir sie so sein. Ich habe dich sonst schon oft dazu gedrängt, dich zu erklären. Vermutlich »thu matsch!« Oder zu wenig?

Weitergehen

Der Sommer 1992 beginnt gut. Du legst mir Bücher zurück. Auf dem beiliegenden Zettel steht: »Ich habe wieder Freude am Lesen. Tucholskys Briefe waren z.T. aufwühlend, wenn man bedenkt, dass er noch wenige Tage vor seinem ›Frei‹-Tod solche Briefe geschrieben hat.« Und: »Ich war gestern Abend etwas bekümmert, weil du offenbar eine Scheiß-Woche hattest. Die Nadelstiche der Nichtigkeiten schmerzen oft mehr als große Wunden (wie dein Loch im Bein).«

Danke, Marco, ja beim Eintauchen in einen Bergsee kollidierte ich mit einem spitzen Felsbrocken und der Clinch mit einem Arbeitgebervertreter über unsere Armutsstudie ist etwas mühsam, erkläre ich. Darauf schreibst du: »Dem Herrn T. kann ich nach Stand der Dinge nur noch einen Kuraufenthalt beim strengen Orden der Z. mit Sühne durch fortwährendes Schweigen empfehlen.« Und fügst an: »Übrigens, die Herzlichkeit, mit der Ihr und besonders Saskia mich am Freitag empfangen habt, hat mich berührt und gerührt. Lueg Dr und heb's guet.«

*

»Lieber Marco«, schreibe ich dir am 2. September 1992, »Die Welt ist weit und besteht nicht aus einer lieben Mutter und Gasse. Vergangenheitsbewältigung ist gut. Aber öffne deinen Horizont. Du hast wunderbare Möglichkeiten, an Vorhandenes anzuknüpfen. Bei dir!

Ich staune immer wieder, was du alles weißt. Du bist unheimlich privilegiert, hast dir das auch alles selber erarbeitet, vielleicht zu fleißig oder genial.

Was in letzter Zeit ungut war, ist nicht unnütz, sondern eine Erfahrung. Allerdings eine mit vielen blinden Flecken. Die kannst du selber nicht entdecken, auch mit Rägel nicht. Vielleicht wär's besser, du würdest alleine anfangen, mit einer völlig außenstehenden Person. Denn deine Geschichte hat mit Rägel wenig zu tun. Du hättest dich auch mit jeder andern Person auf deine Muster fixiert. Wenn du bloß alleine für dich oder mit Rägel zusammen daran arbeitest, bin ich überzeugt, dass ihr sie reproduziert.

Wir sind alle, was Projektionen und (Gegen-)Übertragungen betrifft, etwas analphabetisch unterwegs. Lese übrigens gerade *Stationen. Erinnerungen an Jakob Meier, Zugführer SBB* (Bern 1977). Kennst du's? Das könnte etwas für unseren nächsten Spaziergang sein.«

Vermutlich vom Oktober stammt eine Notiz von mir an dich, die, nur mit 1992 datiert, erst jetzt, gut dreißig Jahre später, in deinen Papieren zum Vorschein kommt.

»Liebst du die Bäume bei deinen täglichen Waldgängen auch deshalb«, frage ich dich, »weil sie dir nicht widersprechen können? Bei den Menschen ist das schon schwieriger. Aber wer getraut sich noch, dich zu fordern? Wer will schon einen Verletzten noch mehr verletzen. Da ist Umsicht geboten, Schonung. – So stabilisieren sich Lügen. So werden sie wahr.«

*

»Lieber Marco«, schreibe ich dir dann im November 1992, »ich habe an der UNESCO-Tagung gerade Madeleine J. getroffen, deine erste große Liebe. Sie denke noch oft an dich und eure unvergessliche Zeit.

Und jetzt sitze ich im Zug und frage mich, weshalb du dich so gerne zwischen Stuhl und Bank platzierst. Oder ist es kein Hohn, dass du zu deiner lieben Mama zurückgekehrt bist? Hat dich nicht gerade ihre Moral oft genug eingeschränkt? Du hast dich gegenüber andern lieben Frauen und Menschen nur zögerlich und spärlich geöffnet. Aus Angst vor Nähe? Vielleicht auch, um deiner verabsolutierten Mutterliebe treu zu bleiben, die du nun täglich herausforderst. Aber warum? Brauchst du unendliche Vertrauens- und Liebesbeweise? Oder endlich klare Grenzen, Wut und brüske Zurückweisung?

Du hast dich früher an die christliche Moral und Rigidität gehalten, die du mit der Muttermilch aufsogst und dir auch einimpfen ließest. Du hast dich lustfeindlich angepasst. Du hast während der Pubertät kaum rebelliert, dich im Privaten selten aufgelehnt, erst spät verweigert, konsequent, gewiss. Aber was galt wem, beispielsweise in deiner Auseinandersetzung mit Väterchen Staat? Ich will die Psychologie nicht strapazieren und die Notwendigkeit der Verweigerung keineswegs relativieren, aber es gibt Anteile, die bewusst zu machen und auseinanderzuhalten sind. Sonst schlägt Faszination auch allzu rasch in Enttäuschung um. Der inzwischen etwas senile H. lässt grüßen. Alzheimer und Demenz kommen übrigens bei Alkoholabhängigen häufiger vor.

Statt das Schöne zu genießen, hieltest du dich oft an ziemlich erhabene Vorstellungen und keusche Ideale. Statt Aggressionen direkt auszuleben, richtest du sie lieber gegen dich. Den früher übermäßig verteufelten Alkohol schüttest du inzwischen literweise und selbstzerstörerisch in dich hinein. Dein Zerfallsprozess zeigt sich immer deutlicher. Darfst du dich nicht wirklich gern haben?

Für andere bist du früher oft zurückgestanden. Und für den lieben Gott erst recht? Mit dem Infragestellen des Ideals scheint's nun auch dich weniger zu geben. Das beweist du dir täglich. Wo ist da dein eigener Wille? Wie lange lässt du zu, dass sich kaum etwas verändert? Früher warst du überaus aktiv. Vielleicht entsprach dein innerer Antrieb einem Befehl von oben, vom Himmel, vom Über-Ich. Und jetzt, gibst du dem Es freien Lauf? Was mit Freiheit wenig zu tun hat. Im Gegenteil. Aber das weißt du ja.

Du hast viel Verlogenes durchschaut und trotzdem übernommen. Du betrügst dich, wenn du nicht bereit bist, das weiter aufzudecken. Im eingehenden und manchmal schmerzlichen Disput mit andern. Oder glaubst du denn, dich überschätzend, alles selber leisten zu können? Wie Jesus, der übers Wasser gelaufen sein soll. Willst du dich so ähnlich am eigenen Schopf aus der sumpfigen Sucht ziehen? Der Beweis steht schon lange aus. Sind Resignation und mangelnder Selbstwert etwa die Kehrseite der Omnipotenz?

Ich weiß, auch andere sind deprimiert. Bloß funktionieren sie angepasster. Das ist keineswegs erstrebenswerter. Wer Abweichendes kaum aushält, folgt lieber dem Mainstream. Ideologisch, konsumorientiert, wie auch immer. Aber vielleicht gibt es zum schmalen und breiten Weg eine unkonventionelle Alternative, die weder zum Himmel noch zur Hölle führt. Hast du keinen Mumm mehr, nach einem vielleicht absurden Sinn zu suchen und, wie Sisyphos, der Offenheit ins Auge zu schauen?

Ich habe Angst, dass du deine hohe Sensibilität betäubst statt sie weiter zu beleben. Vielleicht verwechselst du manchmal auch Mitleid mit Gefühl. Wie Onkel Emil, der grüßen lässt. Dich und mich. Wir sind ja Brüder und kommen aus dem gleichen Stall. Wir halten uns für besonders. Auch, wenn wir das Licht unter den Scheffel stellen. Das befördert Missmut und Unstimmigkeit. Sie aufzudecken, wäre wohl spannend.

Wenn du jedoch Mühe damit hast, dir selber etwas zuliebe zu tun, dann kann dein Beispiel wenigstens andern helfen, familiären Belastungen sowie kultürlichen Prägungen auf die Spur zu kommen, die mitspielen. Wir sind Kinder unserer Zeit. Wir leben in einer christlichen und finanzgläubigen Gesellschaft. Davon zeugt auch dein langjähriges Bestreben, dich für andere aufzuopfern. Egal, ob sie dich dabei enttäuschen.

Ich verdanke dir viel. Das ist mir sehr bewusst. Ich schätze auch deine Verbundenheit. Oft ist sie für mich sogar spürbar, wenn du betrunken bist und abgestumpft wirkst. Wir haben uns allerdings auch oft im Stich gelassen und mit unverbindlichen oder unrealistischen Angeboten getäuscht. Das tut mir leid. Auch für unsere WG-Kinder.

Jonas mag dich sehr, obwohl du kein Fußballspiel von ihm besucht hast. Saskia fragt immer wieder, wie es dir geht. Und Anja bekommt Augenwasser, wenn ich dann ehrlich bin. Esther wird wenigstens wütend, ich manchmal sarkastisch.

Wir leben ja in einem Rechtsstaat. Da dürfen sich alle, die die Welt nicht retten können, selbst betäuben. Dank Liberalismus und Kapitalismus. Sie machen es möglich. Wir sind reich genug. Und wenn wir überhaupt noch wahrnehmen, dass in Afrika täglich 30 000 Kinder verhungern, können wir unser Leid einfach ertränken. Alkohol ist die beste Medizin. Auch gegen Ungerechtigkeit. Prost! dein Ueli.«

*

Deine erste Freundin Madeleine, Marco, ist übrigens im August 2023 gestorben. Ich besuchte sie kurz vorher noch im selben Hospiz, in dem wir, du und ich, 2013 René verabschiedet haben; wenige Tage vor deinem Tod.

Heute, im Oktober 2023, gedachten wir also an einer Feier in der Theodorskirche Madeleines. Pfarrer Jürg Merz, unser alter Fußballkollege, verknüpfte die musikalischen Beiträge und persönlichen Erinnerungen von Freundinnen und von Alex, ihrem langjährigen Partner. Er hob sehr stimmig ihren rebellischen Charakter hervor, ihre feministische Sicht und ihr Engagement für Sans-Papiers und benachteiligte Kinder.

In den letzten zwanzig Jahren musste Madeleine wegen Unfällen und einer Rückenoperation viel leiden, sich vorzeitig pensionieren lassen und die letzten Monate im Bett liegen. »Wir sind uns in dieser Zeit sehr nahe gekommen, wie es ohne ihre Krankheit vielleicht nicht geschehen wäre«, sagte Alex offen.

Alle drei Kinder, längst erwachsen, würdigten ihre liebevolle Mutter ebenfalls sehr berührend. »Madeleine wird nicht mehr sehen, wie mein Leben weitergeht«, sagte der vierzigjährige Lukas. Grischa, Madeleines zweiter Sohn, erzählte von ihrem Bemühen, ihre Kinder vor Risiken zu bewahren, die sie selbst gerne einging. Und Noëmi, die Jüngste, dankte Madeleine für die Autonomie, die sie selbst vorgelebt habe. Unvergesslich sei ihre »Gabe zu geben«, erwähnten andere. Das sagen auch viele von dir, so fatal diese Gabe vielleicht war, wenn es überhaupt eine ist.

Pfarrer »Jügge« schloss mit Kurt Marti, den Alex schon in seiner Ansprache aufgenommen hatte und dessen Gedichte du oft auswendig zitiertest. Drum genügt wohl der Auszug: »Bei dir war ich gerne ich. Jetzt aber ohne dich. Wär' ich am liebsten auch ohne mich ...«

Und ja, da kamen noch allerlei Leute. Eine Frau, die Madeleine lange pflegte, sprach mich schon in der Kirche an und erklärte mir, das Hospiz Hildegard heiße nun nur noch Palliativzentrum, um weniger den Anschein des Endgültigen zu wecken. So konnte auch Madeleine das Palliativzentrum vor ihrem Tod verlassen, aber nur kurz.

*

Zurück zu deiner Chronologie: Im September 1993 nimmt sich Niklaus Meienberg das Leben. Sein Tod berührt dich. Du schreibst mir: »Zum Tod von Niklaus Meienberg:

Kenne einen – der schreibt,
Über das, woran er sich reibt,
Doch das, worüber er schreibt,
Woran er sich reibt, bleibt.
Kannte einen, der schrieb,
Über das, woran er sich rieb,
Doch das, woran er sich rieb,
Worüber er schrieb, blieb.«

Ich schicke deinen Text der *WochenZeitung WoZ.* Sie veröffentlicht nur die erste Hälfte, die im Präsens geschrieben ist. Die *Basler Zeitung* druckt dann den ganzen Text im Feuilleton (vom 29.9.1993) ab und lässt dir ausrichten: »Gerne mehr«. Aber du schüttelst nur den Kopf und winkst ab.

Du kommst jetzt auf Otto F. Walter zu sprechen. Wir diskutierten kürzlich mit ihm in der Basler Kunsthalle über neue Formen der Solidarität in der Schweiz. Und da erzählte der Autor auch von seinem Freund Meienberg, der sich oft wie ein Feind zu ihm verhalte. Wie zu sich selbst? Trotz seiner schönen Gedichte.

*

Obwohl dein Alkoholkonsum konstant zu hoch ist, steigerst du ihn noch. Damit nimmt deine gedankliche Schärfe ab. Dein Humor verliert an Gehalt, aber es bleibt spannend, mit dir auf Spaziergängen in die Literatur- und Weltgeschichte einzutauchen. Das sind für mich Weiterbildungen. Dann lebst du auf. Und manchmal weichst du auch innerlich auf, ohne rührselig zu werden.

Bissig kommentierst du weiterhin das politische Geschehen und aktuelle Medienberichte. Du schnödest auch über langweilig angepasste Krawattenfritze. Einzelnen Dorfkoryphäen sagst du das direkt ins Gesicht. Das ist ein Grund, weshalb dir Gaststätten den Zugang verbieten. Andere heißen dich trotzdem willkommen. Du bist ihnen genehm. Einzelne schreiben auf, was du konsumierst.

Bei einem unfreiwilligen Besuch in der Weinstube Tschudi, die jetzt in einem Flügel eine Pizzeria beherbergt und mich wieder einmal besorgt anruft, bezahle ich nach unserem Umtrunk »gerne alles zusammen« und rechne mit dreißig bis vierzig Franken. Die Wirtin erscheint persönlich mit einem Zettel. Darauf steht »Wein 2 dl«: Was folgt, sind 56 Striche, das macht gute 11 Liter, verteilt auf rund einen Monat! Der Betrag läppert sich auf mehrere hundert Franken zusammen. In andern Kneipen stehen ähnliche Beträge aus. Du scheinst fast ein wenig stolz darauf zu sein. Und deutest das Aufschreiben als Zeichen des Vertrauens?

Offenbar fühlst du dich im Dorf trotz Rügen und feindseliger Attacken irgendwie eingebettet. Umso weniger verstehst du, warum deine Geschwister auf eine Familientherapie drängen. Sogar unsere hochbetagte Mutter willigt ein, allerdings skeptisch. Du sträubst dich zuerst hartnäckig dagegen, beugst dich dann aber dem Druck und beteiligst dich stark betrunken. So ist der frühe Abbruch vorprogrammiert.

Wir beide gehen nun, gemäß neuem Setting, zu zweit hin. Aber das kommt auch nicht gut. Du kennst ja den für dich immer noch jungen Seelendoktor, sprichst ihn mit »Resli« an und fragst ihn, warum er einen weißen Kittel trage und in einer Villa lebe. Die Provokation wirkt überraschend. Was folgt, ist eine seltsame Intervention, keine bewusst paradoxe. Offenbar würdest du immer noch so naive Kinderverslein »brünzeln«, wie jüngst in der *Volksstimme*, entgegnet der sonst gelassene und angesehene Psychiater erbost. Darauf verlässt du die Praxis – für immer.

*

Wir begeben uns wöchentlich weiterhin einmal auf einen ausgedehnten Spaziergang. Meistens hole ich dich beizeiten ab. Dann bist du einigermaßen nüchtern und erzählst vor allem von deiner nach wie vor ausgiebigen Lektüre.

Am Sonntag nach dem Besuch beim Psychiater kommst du auf Arnold Künzlis *Gotteskrise* (1998) zu sprechen. Wir kommen von früheren Heilserwartungen darauf, wie gläubig auch die säkulare Moderne ist. Sie baue geldgetrieben auf wirtschaftliches Wachstum und exzessiven freien Markt, der nur im Kopf existiere, sagst du auf unserem gefühlt hundertsten Spaziergang zum Gisiberg, wo wir am offenen Feuer einen Cervelat bräteln. Während Künzli schon sein nächstes Buch über den *Menschenmarkt* (2000) verfasst, in dem er die »Humangenetik zwischen Utopie, Kommerz und Wissenschaft« analysiert.

Ein nächster Spaziergang führt zur Sissacher Fluh. Heute inspiriert uns Künzlis Kolumne über das »Elend der Linken« in der religiös-sozialistischen Zeitschrift *Neue Wege* (2/1999). Die europäische Sozialdemokratie habe mit ihrem Bückling vor dem herrschenden Neoliberalismus relativ viel Macht erlangt und sich als »neue Mitte« profiliert. So lautet sein Fazit. Und damit verrate sie ihren Ursprung.

Ihre Vorstellungen eines Dritten Weges driften laut Künzli nach rechts. Toni Blair vertrete mit seinem »Thatcherismus mit menschlichem Antlitz« keine Alternative zum Kapitalismus. Und der Soziologe Anthony Giddens bewege sich mit seinem Buch *Jenseits von Links und Rechts* (1997) längst zwischen neoliberalen Reaganomics und rosaroter Labour-Sozialdemokratie.

Du kommst drei Jahre später auch an ein Symposium, das wir an der Uni Basel (2003) mit und für Künzli durchführen, der an seiner alten Arbeitsstätte nochmals gegen die zunehmende wirtschaftliche Dominanz antritt.

Die Welt ist in ein »Durcheinandertal« geraten. Sie benötigt ein demokratisches und humanitäres Ethos, kein Dogma. Künzli hält einen »Realismus der Utopie« hoch. Die gesellschaftliche Emanzipation ist kein Gnadengeschenk, sondern ein dialogischer Lernprozess. Von der Sozialdemokratie erhofft sich Künzli, dass sie dem »Schwindel der sozialen Marktwirtschaft« entsage und eine umfassende Selbstverwaltung fördere.

Seit 1984 pensioniert, engagiert sich Künzli weiter als Publizist und zeitweilig auch als Hobbygärtner im freiwilligen Exil südlich des Gotthard. Während seinen letzten Lebensjahren verfolgt er das Weltgeschehen zwar etwas distanzierter als auch schon, aber weiterhin intensiv. Bis zu seinem Tod 2008.

*

Am 20. April 2007 feierst du deinen 60. Geburtstag. Du tust dies in deiner Weise, bist schon am Nachmittag stockbetrunken und klammerst dich ans Geländer der Ergolzbrücke. So treffen wir uns im Dorf. Statt, wie abgemacht und gewohnt, im Alpbad zusammen essen zu gehen, bringe ich dich im Taxi auf die Notfallstation in Liestal. Dein Oberkörper ist an mehreren Stellen blutunterlaufen. Deine einst kräftigen Oberarme bestehen noch aus Haut und Knochen. Etwas später willigst du, von deinem Hausarzt unterstützt, in einen Entzug ein. Schwager Andreas, den du gut magst, chauffiert dich in die Klinik.

Das Kantonale Vormundschaftsamt verordnet im Juni 2007, von uns, deinen Geschwistern, beantragt, einen fürsorgerischen Freiheitsentzug für zehn Wochen. »Chronisch schwer alkoholsüchtig, akut selbstgefährdet und stationär behandlungsbedürftig«, lautet die Diagnose. Bei dir bestehe seit über zwanzig Jahren eine schwere Alkoholabhängigkeit. »In den letzten Wochen und Monaten kam es zu rezidivierenden notfallmäßigen Hospitalisationen nach Stürzen und schwerer Alkoholintoxikation (zwei Mal bis zu vier Promille).«

Mutter Flora wechselt, 95-jährig, ins Altersheim und stirbt kurz nach ihrem Eintritt am 6. November 2007. Die Residenz sei »hübsch gelegen und das Personal nett«, meinte sie noch, aber sie fühle sich unwohl. Und das »kollektive Basteln« erinnere sie irgendwie an den Kindergarten. Du reagierst überraschend ruhig auf Mutters Tod. Vielleicht, weil Mutter gehen wollte, mutmaße ich. Deine vorher verfasste Notiz sehe ich erst jetzt, zehn Jahre nach deinem Tod: »Was würd sein, wenn Mutter nicht wär. Man wär allein. Man tät sich schwer. Ginge allein, durch den stummen Wald. Denkend, oh komm doch bald. Aus mir wird nichts mehr werden. Komm du seliges Sterben. Für mich wär's ein Segen. Doch Mutter hat etwas dagegen.«

Du bist nun, am Sonntag, 1. Juli 2007, schon drei Wochen in der Psychiatrischen Klinik. Ich mache mich auf den Weg zu dir und bin gespannt, wie die Entziehungskur wirkt. Vielleicht wie deine früheren Magenoperationen? Du lebtest mit der unfreiwilligen Abstinenz auf und neue Horizonte schienen sich zu öffnen, allerdings nur für kurze Zeit.

Verkaufsstände flankieren die Treppen, die im Bahnhof zu den Gleisen führen. Drei Paar Socken sind für fünf Franken erhältlich. Ich poste dir ein paar Zeitungen vom Sonntag. »Vom Plattenmillionär zum Straßenputzer«, lautet eine Schlagzeile. Sie bezieht sich auf einen ehemaligen Popstar, der »auch immer gern eins getrunken« hat. Heute ist er arbeitslos und sammelt auf Berns Straßen den »Ghüder« ein. Eine weitere Reportage porträtiert einen Rocksänger und neun weitere süchtige Stars mit Depressionen. Das Sensationelle geht vor. Hilfreiche Erkenntnisse sind rar. In einem »großen Interview« lobt ein Bundesrat seine eigene Tüchtigkeit. Eine Illustration zeigt ihn beim Joggen. Und der Magistrat kommentiert: »Ich renne den meisten Jüngeren davon.« »Sprungbrett zum Ruhm«, titelt indes *Das Magazin* und klärt uns darüber auf, wie »Schummelbusen« den Erfolg von Frauen begünstigten.

Du bist noch am Essen und mir wegen dem Antrag auf fürsorgerischen Freiheitsentzug gram. Ich setze mich zu dir und halte die Tränen zurück. Der Alkoholentzug setzt dir offenbar zu. Gleichwohl siehst du schon etwas besser aus. Du isst langsam. Ein junger Pfleger reicht dir das erbetene Gewürz. Der Speisesaal vereint unterschiedliche Schicksale. Eine ältere Patientin verlangt ein zweites Menü. Sie sei noch nicht satt.

Wir gehen spazieren. Du bist bald erschöpft und lässt dich auf der nächsten Sitzbank am Waldrand nieder. Unsere Blicke schweifen in die Ferne, streifen und treffen sich, erst flüchtig, dann länger. Wir schauen uns lange vertraut und suchend in die Augen. Das kennen wir und das reicht für heute. Wir wollen nicht schon wieder über unterschiedliche Wahrnehmungen deiner Stürze oder über unsere Herkunft, hohe Ich-Ideale, hilflose Helfende oder darüber reden, was mein Arbeitseifer und deine Alkoholsucht miteinander verbindet.

*

Du ziehst nach deinem verlängerten, mehrmonatigen Aufenthalt in der Klinik in eine eigene Wohnung am Wuhrweg. Als neue Adresse gibst du an: »Marco Moder, In dr Wüehri 28 in SissAch.« Die Gemeinde lehnt im November 2007 nach Anhören von dir eine Bevormundung sowie Verbeiständung ab und vereinbart mit dem von dir vorgeschlagenen Urs Chrétien, der im Naturschutz tätig ist, eine freiwillige Begleitung. Urs konnte, wie du, den Antrag der Familie nicht verstehen. »Marco hat ja niemandem etwas zuleide getan«, sagte er mir. Und: »Ich habe Marco auch dann angenehm erlebt, wenn er betrunken war, zwar tief unten, aber immer noch tiefsinnig und witzig, wie ein guter Geist.« Ja, einmal habe er dich sogar mit Gipfeli am Boden liegend entdeckt, die du Mutter Flora bringen wolltest, dich dann heimbegleitet, wo er »schon bald wieder gut mit Marco reden« konnte. Ein andermal hättest du ihm noch, ebenfalls vor deinem Entzug, in der katholischen Kirche die Internationale vorgesungen, um die gute Tonqualität zu demonstrieren. »Marco war ziemlich alkoholisiert, aber seine Vorstellung war eindrücklich«, erzählte er.

Urs besuchte schon als Junior dein Handballtraining. Später spieltet ihr noch den einen oder andern Match zusammen. Du tatest, zuweilen bereits alkoholisiert, mit. Einzelne problematisierten das, allerdings nur untereinander. Nach deinem Entzug (2007) hatte Urs bis zu deinem »plötzlichen Tod« (2013) den Eindruck, dass du weitgehend trocken bliebst. Das traf für fast zwei Jahre zu. Dein Arrangement mit Urs war jedenfalls sehr hilfreich.

*

Du lebst nach der Entziehungskur tatsächlich wiederum etwas auf. Die *Volksstimme* druckt am 20. Dezember 2007 eine »Notiz« von dir: »Politik – Seil durchs Nadelöhr«.

»Beim Räumen des Elternhauses«, schreibst du, »ist mir ein ›Fresszettel‹ in die Hand gekommen. Die Zeilen darauf habe ich wohl vor Jahren niedergeschrieben. Ich finde nun, sie passen trotz Weihnachten in diese Zeit: ›Als Politiker den Faden verloren hatten, versuchten sie, eine Schnur durchs Nadelöhr zu ziehen. Sie merkten sogar, dass das auch nicht geht. Sie beschlossen Kommissionsberatung, erstellten Expertenberichte, schickten das Ganze in die Vernehmlassung. Schließlich beschlossen sie einmütig, es künftighin mit einem Bergseil zu versuchen. Das Nadelöhr lachte still in sich hinein. Denkend: Selig sind die Armen im Geiste. Denn sie dürften Politiker sein.‹ Dem ist nichts beizufügen.«

*

Du willst nun die Volière am Ufer der Ergolz als Begegnungsort aufwerten, verhandelst mit der freisinnigen Gemeindepräsidentin und triffst dich in der Baracke mit dem »Philosophen-Club der Anstößigen«. Du mietest das Lokal auch für Konzerte, Lesungen und Zusammenkünfte mit alten Sportkollegen oder (Weihnachts-)Feiern für Alleinstehende.

Im späten Frühjahr pflückst du Waldblumen und Bärlauch für allerlei Leute. Der Gasthof Alpbad spendiert dir dafür jeweils einen Kaffee. An deinem Küchenschrank hängt ein Pfuschi-Cartoon. Ein Langhaariger in Latzhosen schleppt einen Betrunkenen ab. »Andern zu helfen gibt mir die Kraft, ohne die ich nicht helfen könnte«, heißt die Sprechblase.

Arnold Künzli kündigt auf einer Karte an, seine vielen Bücher zu verabschieden und in eine kleinere Wohnung zu ziehen. Im Februar 2008 stürzt er noch in seinem alten Domizil die Treppe hinunter und stirbt an den Folgen seines Unfalls und wohl auch seines Alters – im 89. Lebensjahr.

*

2011 bekommst du eine ärztliche Diagnose. Dein Kehlkopf ist verkrebst. Du behältst den Befund lange für dich, wie vor einem Jahr die zu große Prostata. Ruth, deine (Lieblings-)Schwester, erfährt zuerst davon.

Ruth kam bis 2007 fast jedes freie Wochenende von Lausanne, wo sie wohnte und als Fachfrau für Gesundheit im Spital eine Station mitverantwortete, nach Sissach, um Mutter zu unterstützen. Dazu gehörten vor allem auch Haus- und Reinigungsarbeiten. Du beschränktest dich vornehmlich aufs Einkaufen, Kochen, Abwaschen, Vorlesen und Unterhalten.

Mit Ruth sprichst du besonders gerne. Aber du verheimlichst auch ihr gegenüber mehrere Monate die erhaltene Diagnose. Du willst weder darüber reden noch dich behandeln lassen, greifst jetzt wieder häufiger zur Flasche, ein Nachbar, ein Beizer und ein Handballkollege melden sich besorgt. Du kümmerst dich aber weiterhin um die Volière und tauschst dich mit mir und andern auf Spaziergängen über das aus, was die Welt bewegt und verändern könnte.

Am 21. Dezember 2012 titelt die *Volksstimme* »Feiern mit Papageien und Punsch« und würdigt dein Engagement für die Volière. Für dich sei das ein Ort der Ruhe, abgesehen vom Gekrächze zankender Papageien.

»Seit vier Jahren schafft Markus Mäder mit viel Herzblut über Weihnachten bei der Exotic-Volière in Sissach ein heimeliges Ambiente für alle, die in dieser Zeit einen Ort der Ruhe und des Zusammenseins suchen«, so die *Volksstimme*. Der Ort im Klubhaus bei der Allmend sei gut gewählt. »›Für mich symbolisiert die Volière auf wunderbare Art und Weise den Stall Bethlehem‹, sagt der studierte Theologe. Ein Ort, wohin man in Ruhe kommen kann, nur ab und zu unterbrochen vom Gekrächze zankender Papageien …«

Im Dezember 2012 besuchst du mich abends im Seminar für Soziologie. Du tust das öfters. Ich spaziere nur kurz über den Petersplatz. Bei meiner Rückkehr liegt ein Zettel von dir auf meinem Pult – neben der flackernden Kerze. Du schreibst mir: »Man nimmt eine Kerze. Entzündet den Docht. Es köppelt. Es sommt. Es blocht. Dein Kerzlein brennt. Es ist Advent. Es ist Advent.«

Dann kritzeltest du noch, vier Monate vor deinem Tod, unter eine Chaplin-Skizze: »Hello you ›world bear‹« (Hallo du Weltbär.) Und: »ursus salvas« (Rettet den Bären). Was meintest du damit?

*

Im April 2013 besuchst du dann noch deinen alten Freund René im Basler Hospiz Hildegard. Bei René ist die Lunge verkrebst, bei dir der Kehlkopf. Ihr bezichtigt euch gegenseitig, unseriös gelebt zu haben.

»Wer nicht hören will, muss fühlen«, sagst du. Ihr lacht auf, krächzend und schallend, ringt nach Atem, tränengerührt. So treffe ich euch an und denke gleich: Hoffentlich erstickt ihr nicht. Du kündigst nun mit schon etwas gedämpfter Stimme an, bald in die ewigen Jagdgründe aufzubrechen. Und René sagt, er wolle dir folgen oder vorangehen und halt einfach wieder einmal abhauen. Wie früher aus dem Knast, aber jetzt endgültig.

Ja, das Überleben sei bald vorbei. Es gebe ohnehin »kein richtiges Leben im falschen«. Der Philosoph Theodor W. Adorno habe das schon 1947 im Aphorismus »Asyl für Obdachlose« gesagt, »nicht erst in *Minima Moralia* (1951)«. René beteuert abermals, wie er »vom beschissenen Leben enttäuscht« sei und lacht dazu. Ihr feiert euer letztes Fest, quasi am Vorabend eures Todes. Ich halte mich als Zaungast zurück, fast wie betäubt. Die Situation ist skurril und surreal.

René, »nirgendwo sesshaft«, bricht drei Tage später aus einer »Freiheit« auf, die er »großen Knast« nennt. Ich bleibe mit einem Freundespaar bis zum letzten Atemzug bei ihm und denke dabei auch an dich, Marco.

*

»Heute, nach meiner Entlassung, weiß ich, dass die Freiheit nur in Träumen Wirklichkeit werden kann«, erklärte René 1971, soeben in unserer WG eingezogen. Er verkaufte dann seine Geschichten in selbstgefertigten Mappen auf der Straße. Das war während Jahren sein hauptsächlicher Verdienst. Er lebte stets unter dem Existenzminimum. In *Weiße Mauern* erzählt René 1981 »13 Stories über den täglichen Wahnsinn«.

Einem Pfarrer klaut René einmal dreihundert Franken. Der Pfarrer vermisst allerdings noch eine weitere Brieftasche. Bei der polizeilichen Einvernahme gesteht René endlich, diese ebenfalls entwendet zu haben. Doch der Pfarrer findet sie wieder und meldet das redlich der zuständigen Behörde. Das führt zwar zur vorläufigen Entlassung von René, aber auch zu einem neuen Verfahren gegen ihn – wegen falscher Aussage.

Als sein Vater stirbt, hilft René gerade in einem Putzinstitut aus. Bei der Beerdigung überlegt er, ob Vater auf die vier Stunden Lohn à neun Franken verzichten oder denken würde: »Jetzt ist der Tanz vorbei. Er hat ja nichts mehr davon.« René bleibt der Beerdigung fern und verabschiedet sich am Feierabend allein von seinem Vater. Wie später von seiner Mutter, die ihm ebenfalls fremd blieb.

René, 1939 geboren, stirbt wie du im April 2013. Er ist nun tatsächlich »wieder einmal abgehauen«, und zwar endgültig. »Aber das kann man auch anders sehen«, hat er dir und mir immer wieder gesagt und uns gefragt, wie normal eigentlich die Normalität sei.

*

Nach dem Besuch bei René begleite ich dich zur tamilischen Theke, die es damals im Untergeschoss des Basler Bahnhofs noch gab. Alkis besetzen die beiden Tische. Sie begrüßen dich herzlich und rücken zusammen. Du schiebst mich vor und erklärst: »Das ist mein kleiner Bruder.« Die Wirtin lächelt. Sie stellt dir einen Zweier Roten hin. Wir verweilen gedanklich noch etwas bei René. Dann kommst du etwas abrupt auf »Panta Rhei« zu sprechen. Ja, alles fließt, heiße es so gemeinhin. Aber dahinter verberge sich mehr.

Alles sei im Werden, führst du nun ungewohnt stockend aus. »Alles ist endlich. Nichts bleibt.« Das beschreibe schon die vorsokratische Seinslehre so. Sie lasse sich an Heraklit festmachen, gut fünfhundert Jahre vor unserer Zeitrechnung. »Er weist daraufhin, dass wir nie in denselben Fluss steigen und alte Bilder in neue Realitäten projizieren. Statt Widersprüche zuzulassen, definieren wir Ambivalenzen mit enggeführter Logik weg. Wir übersehen dabei die Vielfalt in der Einheit. Und täuschen uns dabei selbst.« So sei eben das Leben. Mir dämmert, du nimmst dein Ende wahr. René stirbt ein paar Tage vor dir. Wir beerdigen ihn am 17. April. Ohne dich. Du erstickst in der Nacht vom 13. auf Sonntag, den 14. April 2013.

*

Auf deinem Nachttisch liegt ein aufgeschlagener Notizblock. Ein früherer Entwurf ist an deine »Liebe Mama« gerichtet: »Kleiner wäre die Bürde«, schreibst du mit blauer

Tinte auf weißem Blatt, »wenn ich dir ab und zu etwas sagen würde. Nur, ich bin halt ein Mann. Und wie es landesüblich ist, nicht allzu offen. Dass das besser wird, kann man nur hoffen.«

Im letzten Eintrag zitierst du Mascha Kaléko, die galizische Dichterin, die in Deutschland lebte und nach dem Verbot ihrer Bücher durch die Nazis in die USA emigrierte: Wir sollten den eigenen Tod bedenken, den sterbe man nur; doch mit dem Tod der andern – müsse man leben. Und weiter heißt es: Wir könnten dem Vergänglichen nur mit Vergänglichem begegnen.

Nun, du selbst lebtest oft humorvoll, geistreich, betrunken, deprimiert, etwas nostalgisch orientiert und trotzdem am aktuellen Weltgeschehen interessiert. Auf deinem Nachttisch stapeln sich *Der Stumme* von Otto F. Walter, *Die Mutter* von Bertolt Brecht sowie *Die Kunst des Scheiterns* von Konstantin Wecker. Und in deinem kleinen Büchergestell fallen die drei Bände von Ernst Blochs *Prinzip Hoffnung* und Jean-Paul Sartres *Porträts und Perspektiven* auf.

Weckers Buch vom Scheitern erschien 2007, zu seinem 60. Geburtstag. Er hat den gleichen Jahrgang wie du. Und ebenfalls viel Erfahrung im Umgang mit Sucht. Das Scheitern kontrastiert den Drang und Zwang, permanent aufzusteigen und sich zu optimieren. Ganz unten zu sein, drückt ein Nein zum angepassten Verhalten aus, das einen (angeblich und wirklich) nach oben schwemme. Es enthält somit einen widerständigen Kern, den Wecker aber nicht mystifiziert. In seiner späteren Biografie über *Das ganz schrecklich schöne Leben* (Gütersloh 2017) reflektiert er offen und selbstkritisch, wie ihm gerade durch turbulente Phasen der Eskalation viel Leidenschaft abhandenkam. Und ohne Lebendigkeit erhöhte sich die Bereitschaft, kompensatorisch »den zu spielen, von dem ich glaubte, dass er von den Leuten erwartet wird«.

Abschied nehmen

Elisabeth, unsere Schwester, die stets das Gespräch mit dir suchte, dir Bücher brachte und zu dir in deine verrauchte Höhle kam, fragt nun, was zur Anzeige deines Todes passe. Erich Kästner sei wohl gesetzt. Der Entscheid fällt auf: »Wir sitzen alle im gleichen Zug. Und reisen quer durch die Zeit. Wir sehen hinaus. Wir sehen genug. Wir fahren alle im gleichen Zug. Und keiner weiß, wie weit.«

Du hast Kästners *Emil und die Detektive* schon als Primarschüler gelesen, wie viele andere auch. Seine Epigramme *Kurz und bündig* entdecktest du dann in der Mittelschule. Sie begleiteten dich bis zum Lebensende. Wie Kästners Romanfigur Fabian. Für dich ein »Lebemann mit Moral«.

Aber jetzt bist du tot. Und da gibt es zunächst viel zu tun, das von der Trauer und dem Abschiednehmen etwas ablenkt. Walter nimmt die Organisation an die Hand. Er ist mit deiner Administration vertraut. An Vaters Beerdigung predigte er selbst. Das war stimmig. Bei deiner hält er sich respektvoll zurück.

*

Wir beerdigen dich am 24. April 2013 um 14 Uhr auf dem Friedhof in Sissach, neben dem elterlichen Grab. Dann folgen eine Trauerfeier in der reformierten Kirche und ein offenes Treffen bei der Volière. Dich zog es oft zu dieser kleinen Allmend. Mit Blick auf die Ergolz, die in den Rhein und viel später in die Nordsee mündet. Deine Asche ins Wasser zu streuen, hätte dir auch entsprochen. Alles fließt!

Vor deiner Beerdigung kommen am Sissacher Bahnhof allerlei Leute an, auch ehemalige Freundinnen. Um vierzehn Uhr schlagen die Kirchenglocken. Mehrere Reihen bilden sich um dein Grab. Pfarrer Daniel Wüthrich dankt dir für viele inspirierende Gespräche. Dass du bis zuletzt der Kirchgemeinde angehörtest, überrascht auch die meisten Angehörigen.

Ariane Rufino dos Santos und Steffi Zemp begleiten musikalisch mit Sopransaxofon, Flöte und Organetto. Wer mag, wirft eine Rose ins Grab. Rote Blüten häufen sich. »Lebe wohl, lieber Marco«, sage ich dir. Pius C. nimmt mich in seine kräftigen Arme. Er hätte mich einst am liebsten erwürgt. Und trauert jetzt mit. Ihr mochtet euch. Und mich berührt seine Geste.

*

In der Kirche erklingt die Orgel. Ein Kollege von deinem »Philosophen-Club der Anstößigen« spielt. Vor wenigen Tagen diskutiertet ihr noch zusammen. Beatrice B., die frühere Organistin, hätte auch gepasst. Ihr liebtet und verletztet euch. Dass Beatrice B. einen Mörder geheiratet hatte, gab im Dorf zu reden. Sie hielt zu ihm und du zu ihr. Dazwischen stand der Alkohol. Beatrice besuchte ihren Mann sieben Jahre lang im Gefängnis. Nach der Entlassung übernachteten die beiden in einem Hotelzimmer, in dem er dann sein Leben gleich beendete.

Was seither zwischen dir und Beatrice geschah, bleibt euer Geheimnis. Jetzt ist sie mit Richie M. zusammen. Sie half dem ehemaligen Ausbrecherkönig, seine Knast- und Fluchtgeschichten zu veröffentlichen. Ihr Buch *Schließer und Eingeschlossene* (Zürich 2001) steht in deiner Bibliothek. Mit einem Vorwort von mir. Warum nicht von dir? Das wäre doch stimmig gewesen. Lehntest du ab? Wir haben nie darüber gesprochen.

Die Pfarrerin Beatrice Lutz würdigt deinen Versuch, aufrecht zu gehen. Sie engagiert sich bei den Grünen. Beat M., ihr früherer Mann, mit dem sie drei Kinder hat, sitzt ergriffen in den Rängen. Einst galt er als roter Rüde, doch die turbulenten Nach-68er-Jahre machten ihn müde.

Im Kirchenschiff hat Schwester Ruth einfache Wiesenblumen kraus zusammengesteckt. Das passt zu dir. Christa G., unsere dritte Schwester, entzündet die Osterkerze. Die Pfarrerin stimmt »Blowin' in the wind« an. Der Song stammt von Bob Dylan, der fragt, wie viel Geld wir für Bomben, Raketen und den Tod ausgeben, wie viele große Worte gesprochen werden, ohne damit Not zu lindern und wie viel großes Unheil noch geschehen müsse, damit sich die Menschheit besinne?

Im selbstkreierten Familienliederbuch finden sich noch zwei Jugendlieder von dir: »Wir sind jung, die Welt steht offen« und »An den Ufern des Mexico Rivers«. Die letzte Strophe lautet: »Wenn ich einmal dann reite ins Jenseits, ist gekommen mein letzter Tag, dann grabt mir, o ihr Cowboys, als letztes, an den Ufern des Rivers mein Grab.«

Ich greife ein paar Episoden aus deinem Leben auf, dein Schulfreund René Häfelfinger spielt Flöte, Peter (Pidi) Siegenthaler, der am Vorabend noch im TV-Krimi zu sehen war, singt spontan ein Lied und Kaspar Geiger liest als alter WG-Gefährte aus Erich Kästners *Kleine Freiheiten* vor.

Erich Kästner empfiehlt den Kindern zum Schulanfang: »Ach bleibt so klug, wenn ihr erwachsen seid.« Ja, man nötige sie, eifrig von der Unter- zur Oberstufe zu gelangen, und wenn sie oben ständen, säge man die scheinbar überflüssig gewordenen Stufen ab. Und nun könnten sie, älter geworden, nicht mehr zurück, obwohl es wichtig wäre, in seinem Leben wie in einem Haus treppauf und treppab zu gehen. Denn zur schönsten ersten Etage gehöre ein Keller mit duftenden Obstborten sowie ein Erdgeschoss mit knarrender Haustüre und einer scheppernden Klingel. Viele Leute ständen jedoch auf der obersten Stufe, ohne Treppe und ohne Haus, und machten sich wichtig. Aber nur wer erwachsen werde und gleichwohl ein Kind bleibe, sei ein Mensch. So einfache Dinge seien allerdings schwierig zu verstehen.

Du zitiertest oft daraus. Und verwiesest darauf, wie der Psychoanalytiker Horst-Eberhard Richter im *Ende der Egomanie* (München 2003) auf das »Ende der Kindheit« eingeht. Wer sich einfach einordnet, gibt sich auf. Du kanntest diesen Ansatz gut. Auch die Schwierigkeit, ihn umzusetzen. Und Richters Wälzer über *Die Gruppe* (1972) und das *Lernziel Solidarität* (1974) diskutiertest du noch zuversichtlich in selbstorganisierten Lesezirkeln. Wer sich die Kindheit erhält, lebt laut Richter gefährlich. Kinder, die spontan zeigen, was sie wollen, gelten als aufdringlich. Sie müssen sich einschränken, statt lebendig zu sein. Der Rückzug macht passiv oder gar (selbst-)destruktiv. Der verlangte

Gehorsam unterläuft den Selbstwert und fördert Schuldgefühle. Unterdrückte Aktivität führt zu einem blinden Aktivismus, der die Egomanie steigert und menschliche Lebensgrundlagen zerstört.

Ariane Rufino dos Santos, deine ehemalige Arbeitskollegin in der Notschlafstelle, singt nun, ungewöhnlich für die Kirche und stimmig für dich, »Du, lass dich nicht verbittern / In dieser bitteren Zeit« von Wolf Biermann. Du kennst den Text. »Du, lass dich nicht erschrecken / In dieser Schreckenszeit ... Du, lass dich nicht verbrauchen / Gebrauche deine Zeit ...«

Handballkollege Roland Buser, emeritierter Astronomieprofessor der Uni Basel, lässt dann deine Freiheitsliebe aufleben. Friede unter den Menschen erfordere Impulse von »Menschen, die zufrieden sein können«. Und der Weg zur Zufriedenheit führe vor allem auch über »den Verzicht auf fesselnden Luxus und blendenden Glanz, die Absage an ablenkenden Besitz und angemasste Macht«. Ja, Freiheit verwirkliche sich »im unbestechlichen Ja zur Genügsamkeit«. In einfacher Weise hättest du gezeigt, wie Zufriedenheit sprießen könne: mit einem Strauß Bärlauch, mit Zeit fürs Gespräch und dem Wahrnehmen von tausend Kleinigkeiten, an denen man oft unbegreiflicherweise achtlos vorbeigehe. Aber solche Freiheit sei »letztlich nicht von der Welt und den anderen zu gewinnen oder gar als Geschenk zu erwarten, sondern allein aus einem selbst zu schöpfen, von da her, wo sie verwurzelt ist, wo sie einen berühren und bewegen kann: in der Seele«. Soweit, arg verkürzt, ein Aspekt aus Rolands langer, lebendiger Rede, in der er selbstverständlich auch deine spielerischen und charakterlichen Stärken im Handball würdigt.

*

Deine Nichten Anja und Saskia singen nun ein finnisches Volkslied. Schwester Elisabeth liest *Der Seelenhüter* von Pierre Kretz und erläutert, wie eigentlich jede Familie eine kleine Erinnerungsfabrik sei. Erzählungen prägten die Erinnerungen dazu, was einmal gewesen sein soll. Das könne wohl jede Familie feststellen. Auch, dass alle Mitglieder immer wieder anders seien, als sie einmal waren. Aber das sei manchmal schwierig wahrzunehmen, bei sich und andern.

Doris Güntner, deine Schwägerin, spielt Harfe. Ihr Mann Walter, unser älterer Bruder, dankt Hedwig Kiràly, deiner letzten Freundin und ehemaligen Schulgefährtin, mit einer Rose für alles, was sie für dich getan hat.

Die Pfarrerin Beatrice Lutz spricht noch den Segen und bemerkt vorab, du hättest sie durch dein »gelebtes Leben in großer Genügsamkeit« beeindruckt. Wir könnten viel von dir lernen. Und es müsse doch Wege geben, die nicht in der Selbstzerstörung enden. Laut Wendell Berry, dem amerikanischen Essayisten und Umweltaktivisten, kämen wir aber erst dazu, wenn wir nicht mehr wüssten, welcher Weg zu gehen sei. Ein Verstand, der nicht verwirrt sei, bleibe unbeschäftigt. Nur ein Fluss mit Hindernissen singe.

Zum Schluss stimmt der Organist »We shall overcome« an, das bekannte Lied aus der afroamerikanischen Bürgerrechts- und Streikbewegung. Damit endet das Programm, nach gut zwei Stunden.

Du hättest die Kirche spätestens in der Mitte verlassen, um eine Zigarette zu rauchen und draußen das Ende abzuwarten. Du verließest schon diverse Abdankungen vorzeitig, wenn sie lange dauerten oder Verstorbene verklärten. Wer etwas zu sagen hat, sage dies aufrichtig, direkt und in wenigen Zeilen, bemerktest du jeweils, von Kästner inspiriert. Du hättest auch keine Huldigungen über dich toleriert. Und vielleicht beanstandet, etwas »abgefeiert« worden zu sein.

*

Nach der Abdankung verweilen etliche Gäste vor der Kirche, schütteln Hände, nehmen sich in die Arme, reden miteinander. Lachend, weinend, schwarz gekleidet oder bunt.

Ich danke Ruedi, der dich ab und zu nach Hause begleitete, wenn du kaum mehr gehen konntest. Er sagt, solche nachbarschaftliche Hilfe sei doch selbstverständlich. Und in einem Dorf funktioniere das halt noch. Ja, schön. Das stimmt wohl, teils. Auch in »SissAch!«, wie du deine zweite oder dritte Heimat nanntest.

Christine Roth, gelernte Hauspflegerin, weiß, was nachbarschaftliche Hilfe bedeutet. Sie lebte mit ihrer Familie 34 Jahre neben unserer Mutter Flora und achtzehn neben dir, Marco. Ihr Mann und ihr ältester Sohn haben dich öfter nach Stürzen auf deiner letzten Wegstrecke vor der Treppe hochgehievt und ins Haus gebracht. Manchmal blutverschmiert. Dann kam es vor, dass dich Christine abduschte. Das fand sie »schon etwas mühsam, gehörte aber einfach dazu«, sagte sie mir. Und: »Ich mochte ja beide gerne, Flora und Marco. Und wir hatten einen Schlüssel.«

Christine besuchte dich auch nach Mutters Tod (2007) in deiner Wohnung, und du reichtest ihr Bücher weiter. Du verstandest dich auch mit ihren drei weiteren Kindern. Du spieltest mit ihnen Hockey und flicktest mit ihnen in aller Ruhe das Fenster, als eine Scheibe zerbarst.

Einmal entdeckte dich Christines Mann bei der Bahnunterführung. Du lagst mitten auf der Straße. Er konnte dich wegtragen, bevor die nächsten Autos kamen. Das hätte tödlich enden können. Und im Dorf seien immer wieder Kritiken gegenüber mir aufgekommen. Ich würde zu wenig zu dir schauen, hieß es. Aber das treffe keineswegs zu, entgegne sie jeweils.

Dich und Flora habe sie einfach gern gehabt. »Das war eine schöne Nachbarschaft«, sagte sie, trotz allem, und sie habe sich nie benutzt, sondern sehr wertgeschätzt gefühlt.

*

Etliche der Abschiednehmenden pilgern nun noch zur Volière, deinem geliebten Ort. Dort gibt es ein paar Worte, einen musikalischen Ausklang und einen Imbiss. Einzelne stehen zunächst etwas verloren da, kleine Gruppen bilden sich.

Alt-Handballer bilden einen größeren Kreis. Fast wie bei einem »Time out«. Unser früherer Trainer André Irion und die Brüder Peter und Fredy Mosimann setzen sich an einen Tisch. Alle drei haben eine Krebsdiagnose. Sie sind die nächsten, die dir folgen. 2009 inspiriertest du noch den 75. Geburtstag von André mit einem kleinen Quiz. 2019 spricht dann Roland Buser auf dem »Hörnli-Friedhof« zum Hinschied von André. Ich greife nur kurz vor, weil Roland 2019 formuliert, was unser Handballteam mitkonstituierte. »André brachte uns dazu, diesen Sport nicht nur als Fitnessprogramm oder als Kampf gegen sich selber und gegen andere auszuüben, sondern sich ihm als wirklichem Spiel hinzugeben.«

André steht jetzt auf in der Volière. Er fasst sich kurz. Er, der geniale Alleinunterhalter, der nach Meisterschaftsspielen in Restaurants die Anwesenden mit Taschenspieler-Tricks und witzigen Spötteleien in seinen Bann zog, bis alle ins »Stiefeli mues stärbe« einstimmten, zuerst laut, dann immer leiser.

Andrés Worte kommen ungewohnt stockend daher. Du seist wohl das größte Talent gewesen. Und er, dein ehemaliger Trainer, werde nie verstehen, warum du, Marco, das so leichtfertig preisgegeben habest. Vermutlich seist du zu lieb und zu weichherzig gewesen. Und das viele Helfen habe dich kaputt gemacht. Heute sage ja niemand mehr danke. André dankt dann allen Ehemaligen für unvergessliche Erlebnisse und das langjährige Miteinander. Zum Schluss wünscht er dir im Namen der ganzen Handballerbande ein zweites Leben. Vielleicht meinte er einen neuen Anfang.

Aus deinem letzten Leben erzählt noch Pidi Siegenthaler, er sei schon einmal von Köln angereist, habe dich hier in der Volière aufgesucht, auf einer Holzbank entdeckt und höflich gefragt, ob er sich zu dir setzen dürfe. Nach langem Schweigen habe sich dann allmählich ein Gespräch ergeben. So, als wäre es eure erste Begegnung – doch es war die letzte. Ja, ihr habt jahrelang zusammen Handball gespielt, sogar miteinander gewohnt, fast eine Liebe geteilt und mehrmals mit dem Dramatiker Friedrich Dürrenmatt gespeist, der jeweils zwei Menüs zu sich nahm, während ihr euch eine Portion teiltet. Ihr inszeniertet beide ein kleines Theater, hier in der Volière, mutmaßt Pidi, der sonst professionell schauspielert. Und ja, du hättest prima mitgemacht, vielleicht schon mit einem halben Fuß im Jenseits. Jedenfalls würde ihn jetzt deine Version sehr interessieren. Auch zu andern Fragen, die nun leider offen blieben.

*

Steffi Zemp spielt mit seinem Organetto locker auf und baut sonst Öfen. Sein Vater war hier in Sissach ein strenger Schreinermeister. Die Lehrlinge fürchteten ihn. Steffi engagiert sich auch für die Sozialdemokratie im Kantonsparlament. Seine Freundin Ariane Rufino dos Santos politisiert näher bei den Autonomen und begleitet ihn mit verschiedenen Instrumenten.

Sie arbeitete ja einst mit dir auf der Notschlafstelle und sagt mit wenigen Worten viel. Ein paar Gassenleute, die von Basel angereist sind, suchen ihre Nähe. Kaum jemand weiß, aus welch begüterten Kreisen sie stammt und wie ihr ursprünglicher Name lautet.

Ariane mag ihren durch Heirat angenommenen Namen. »Dos Santos« bedeutet »von den Heiligen« , kommt aber in Brasilien so häufig vor wie Müller in der Schweiz. Die vier Buchstaben ihres ledigen Namens, »ckdt«, symbolisieren den Basler »Daig«, die patrizische Oberschicht. Ariane lebt heute in einer Hausgemeinschaft, gärtnert, leitet Chöre, spielt an Konzerten, tritt oft solo auf oder, wie heute, im Duo Accobella mit Steffi. Du kennst wohl ihren Hintergrund, den sie sonst gerne zurückhält.

*

Erinnerungen an dich tauchen auch in etlichen Beileidsbekundungen auf. Sie deuten an, wer dich wie sieht oder in Erinnerung behalten möchte.

»Obwohl Marco einiges älter war als ich«, schreibt Georg Geiger, der Sohn deines früheren Professors für neuere Kirchen- und Dogmengeschichte, »war er für mich immer eine Bezugsperson im Kreise der älteren Geschwister. Eine Szene ist mir fürs Leben geblieben: Wie er probiert, mir im Wohnzimmer meiner Eltern in Tenniken mit kostbaren Tellern aus dem Geschirrschrank meiner Mutter das Jonglieren beizubringen. Kein Teller ging kaputt, seine geschmeidigen, kräftigen Bewegungen fingen die herumwirbelnden Teller im letzten Augenblick immer wieder auf. Ich war fasziniert, Marco genoss auf stille Weise meine Bewunderung. Diese Geschmeidigkeit und Verspieltheit, kombiniert mit Kraft, Sturheit und süchtigem Lebenshunger: in vielem erkannte ich mich selbst. Deshalb wohl die Faszination.«

Martin Flückiger, der lange »Basels starke Alternative« koordinierte, erinnert an helle Zeiten in den Ferien in den Cinque Terre. Da habe er dich und Rägel näher kennengelernt, fast jeden Abend in derselben Bar. Du hättest debattiert, erzählt und gelacht. Dein »Pfützli«, ein alkoholisches Mischgetränk, habe ihm sehr geschmeckt. In Basel sei er dir dann jeweils im »Grünen Heinrich« begegnet. Deine Kommentare zur Gesellschaft seien immer sarkastischer geworden. »Es war der Sarkasmus eines Menschen mit einem ausgeprägten Gerechtigkeitssinn und hohen ethischen Ansprüchen, nicht zuletzt an sich selber.« Danach habe er dich längere Zeit aus den Augen verloren, bis zu meiner Antrittsvorlesung an der Uni Basel. »Ich war erschrocken, wie sehr ihn der Alkohol gezeichnet hatte«, so Martin. Und kürzlich habe er dich noch in Sissach getroffen: »Ich ging mit meiner Mutter spazieren. Marco teilte ein Stück Weges mit uns. Als er sich verabschiedete, sagte er: ›Weißt du, ich wohne jetzt ganz nah beim Friedhof. Das ist der einzige Dienst, den ich der Gesellschaft jetzt noch erweisen kann‹.«

Fitzgerald Crain, der sich als Psychologe und ehemaliger Militarist für eine Schweiz ohne Armee engagiert, beschreibt mit Edward Hoppers Bild vom Leuchtturm, wie er und Peter S. dich beruflich erlebten. Du seist immer für andere da gewesen und hättest dich dabei vielleicht selbst vergessen. Fitzi, wie wir ihn nennen, assoziiert mit dir den Film *It's a wonderful life* von Frank Capra. James Stewart spielt einen Mann, der beschließt, sich das Leben zu nehmen. Er hat zu sehr für andere gelebt und ist jetzt enttäuscht. Da kommt ein Engel und offenbart ihm, wie die Welt gewesen wäre, hätte es ihn nicht gegeben. Sie wäre ganz anders gewesen. Fitzi hofft, dass du nicht allzu sehr gelitten hat. Aber falls es doch ein qualvoller Tod gewesen sei, dann habe auch das zu dir gepasst – keinen einfachen Weg zu gehen und es dir nicht zu leicht zu machen. Fitzi bezieht sich weiter auf deine Vorliebe für Otto F. Walters Buch *Der Stumme*. Er selbst, Fitzi, habe das Buch erst kürzlich wieder gelesen. Es passe zu dir. Wie Walters zweiter Roman, *Herr Tourel*. Auch hier scheine etwas Ähnliches auf: eine Affinität zu Menschen, die anders sind, schwierig und anstößig.

*

Rägel Kern, deine Lebenspartnerin, erinnert abermals daran, wie der Tod von nahen Freunden dich verändert und dir das Gefühl gegeben habe, der letzte Mohikaner zu sein. Rägel starb drei Jahre nach dir. Sie wollte keine Beerdigung. Und ihr Bruder verstreute die Asche im Rhein und in der Seine.

Ihre Freundin Anita Fetz, die nach deinem Tod noch fünf weitere Jahre Basels Ständerätin blieb, erlebte Rägel in den letzten Tagen im September 2016 mehrmals im Spital, »eigentlich immer relativ gefasst, obwohl es ihr sichtbar schlechter ging«. Sie habe Rägel jeweils in einen Rollstuhl gepackt und sei mit ihr im Spitalgarten spazieren gegangen. »Dabei haben wir auch Sprüche mit Galgenhumor gemacht und zusammen eine Zigi geraucht.« Als »Ironie des Schicksals« habe Rägel etwa bezeichnet, »dass sie an keinem Lungenkrebs, sondern einem andern sterbe«, obwohl sie doch immer geraucht habe. Und für Anita sei es ja auch im wahrsten Sinne des Wortes »eine Ersparnis«, wenn sie gehe. »Ich habe ihre Gelassenheit und den Humor mit dem sie die Situation genommen hat, sehr bewundert«, berichtet Anita. Wobei sie schon immer »eine spezielle Form von Humor untereinander« gehabt hätten. Das kennst du ja. »Und«, fährt Anita fort, »Regula war für mich nicht nur eine Freundin, sondern eine ganz wichtige Person, die mich in meiner Jugend stark unterstützt hat. Ohne ihre Ermutigung und manchmal auch angriffige Kritik hätte ich weder die Matur geschafft noch mein Studium beendet. Übrigens auch Marco hat mir geholfen, meinen Schulstinker und Studiumskoller zu überwinden.«

*

Der Schriftsteller Hansjörg Schneider spricht offen an, was ihn stört. Ja, es sei eigenartig mit dir. Ihr hättet in der Beiz ab und zu miteinander geredet. Und er habe dich gern gehabt. Du hättest so etwas Direktes, Ungeschütztes, aber trotz der schönen Flügel nie richtig fliegen gelernt. Am besten hättest du ihm als Handballer gefallen. Wie du trotz deines kleinen Wuchses so hoch gesprungen oder geflogen seist, dass du den Ball über die gegnerische Mauer ins hohe Eck werfen konntest. Da hättet ihr euch gut verstanden, denn auch er sei ein guter Handballer gewesen. Aber ihn befremdete, wie du deine Mutter-Symbiose verklärt und deine eigenen Handreichungen für sie betont hättest. Christoph Mangold, ein anderer Schriftsteller, mit dem du dir viele Zweier genehmigtest, schreibt, du hättest wahrlich einen ausgiebigeren Nachruf verdient. Ein Nachruf auf ihn folgt wenige Monate nach deinem Tod und würdigt Christoph als feinfühligen Autor, der das Stadtgeschehen prägte, der Partei der Arbeit treu blieb, kein Blatt vor den Mund nahm, fast täglich im Rhein schwimmen ging und stets umweltbewusst mit seinem alten Fahrrad unterwegs war. Zu seinen Lebzeiten tönte das noch ein wenig anders.

*

Soweit eine Beileidsauswahl. Vor allem von Menschen, die dich schätzen. So entsteht ein Bild, das Stimmiges ausdrückt. Und auch trügt. Fredy Mosimann, unser ältester Handball-Mitspieler, und Liselotte, seine Frau, fassten ihr Beileid kurz. Vielleicht, weil sie sehr mit sich selbst beschäftigt waren. Beide folgten dir relativ bald. Sie konnten nicht verstehen, wie ein studierter Theologe im Suff an die Mauer der Bahnüberführung pisst. Das irritierte auch Hugo, den ehemaligen Beizer vom Restaurant Bölchen. Er alarmierte mich, wenn du deinen Heimweg kaum mehr fandest. Und Urs B., dein langjähriger Freund, fand deine »Sprüche je länger desto weniger lustig«. Hast du das überhaupt bemerkt oder an dir abprallen lassen, wie sich deine frühere Besonnenheit und Leichtigkeit veränderte?

*

»Noch etwas zur Beerdigung und der Erwähnung der vielen Beileidsbriefe«, bemerkt unsere Schwester Christa. »Ich denke, es gehört zum Abschiednehmen dazu, dass man die verstorbene Person rühmt und sich vor allem an die guten alten Zeiten erinnert. Aber braucht es diesen großen Stellenwert? Wo waren all diese guten Freunde und Freundinnen in den Sissacherjahren?« Gemeint ist deine Suchtzeit von 1989 bis 2013, in der du auch Kolleg:innen abgewiesen und brüskiert hast, die sich für dich interessierten.

Zum Beispiel Kaspar Geiger, Germanist und Theaterregisseur. Er erlebte dich früher in der gemeinsamen WG »eigenständig, offen und innig kommunikativ: Wir probierten intuitiv neue Formen aus, ohne alles um sieben Ecken zu hinterfragen.« Umso mehr irritierte ihn dann das spätere Wiedersehen in Sissach. Du hättest ihn direkt und abwertend darauf angesprochen, sein schauspielerisches Potenzial zu wenig zu nutzen. Was ja wohl, in anderen Bereichen, dein eigenes Thema war.

Auch Karl Kränzle, ehemals Korrespondent der *National-Zeitung* und des *Tages-Anzeigers* in China und den USA, der 1968 schon über deine Dienstverweigerung schrieb, versuchte den Faden mit dir aufzunehmen. Aber du hättest leider nicht reagiert. Andere alte Freunde hätten ihn gewiss ebenfalls inspiriert. »Doch wenn ich mich jetzt gern mit jemand unterhielte, dem ich mich wirklich nahe fühlte, dann ist es Markus.«

*

Real für dich da war sicher Beatrice Lutz, die Pfarrerin. »Ohne Schatten kein Licht«, schreibt sie nach der Beerdigung. Das erste Wochenende sei jetzt vorbei – mit schmerzlichen Erinnerungen an dich und daran, wie du deine Unangepasstheit an die satte Gesellschaft lebtest: »Marco war ein besonders feinfühliger Mensch! Ich meine, viele im Dorf Sissach haben dank seiner Lebenshaltung Mut bekommen, eigene Schwächen nicht aus Scham zu verstecken und die Schwächen anderer nicht zu verurteilen!«

Etliche Leute im Dorf haben auch situativ geholfen. So etwa der Sozialwissenschaftler Ruedi Epple, der mich ein paar Monate vor deinem Tod spätabends alarmierte, weil du so schlecht »zwäg« warst. Er hat ja auch den Militärdienst verweigert und berichtete, wie du da vorspurtest. Nach teils harschen Reaktionen auf dich (1968) sei Hans-Jakob Schaub, der Chefredaktor der *Volksstimme*, 1973 sogar persönlich an seinen Prozess in Olten gekommen, habe dann spontan die Prozesskosten übernommen und in der Zeitung thematisiert, wie nun ein Zwanzigjähriger mit friedlicher Gesinnung sechs Monate ins Gefängnis müsse.

Von Maya Graf folgte Ende April 2013 noch ein Nachruf im Gassenmagazin *Surprise* (300/2013). »Die Hände reichen, wenn gar nichts mehr weiter geht«, schreibt die Sissacher

Bäuerin und Sozialarbeiterin. Sie, damals Nationalratspräsidentin und heute basellandschaftliche Ständerätin, meint damit, »dass es Abgründe gibt, aber immer auch wieder kleine Wege nach oben, wenn da jemand ist, der die Hände reicht«. Ihr Nachruf zeugt jedenfalls auch von Verbundenheit:

»Letzte Woche fand in unserem Dorf eine eindrückliche Beerdigung statt, wo die unterschiedlichsten Menschen in einem besonderen Gottesdienst von MM Abschied nahmen«, so Maya Graf. »Erst Mitte sechzig, hatte MM ein intensives, schwieriges Leben hinter sich. Er war ein blitzgescheiter, kritischer Zeitgenosse und der erste Militärdienstverweigerer im Kanton. Er studierte Theologie und arbeitete mit Randständigen. Bis er selbst am Schluss diese Erfahrung machte, immer mehr abrutschte, alkoholsüchtig wurde. In unserer Lokalzeitung erzählte er vor Jahren, wie es ist, auf der Gasse zu leben, von der Hand in den Mund, sich selbst zu verlieren in der Sucht, und das mitten in der Gesellschaft, wo alles im Überfluss vorhanden ist. Und er erzählte, wie genau an diesem tiefsten Punkt Menschen so wichtig waren, die nicht wegschauten, sondern die Hand reichten ... MM hatte seine Würde, seinen tiefsinnigen, ironischen Witz und seine Fürsorge gegenüber andern Menschen nie verloren. Als er zur Überraschung aller seine Alkoholsucht vor sechs Jahren in den Griff bekam, wurde er zu einem Dorforiginal, hat die Menschen mit selbstgepflückten Wildbeeren, Bärlauch ... überrascht. Er hatte einen Philosophenzirkel für ›Anstößige‹ gegründet und über die Weihnachtstage einen Begegnungsort im Dorfpark organisiert. MM wird uns fehlen, obwohl wir ihm Friede und Glück endlich auch für sich selbst wünschen. Er hat uns vor Augen geführt, dass ein Leben nicht immer so verläuft, wie es sollte. Dass es jeden treffen kann, mitten unter uns. Dass es Abgründe gibt, aber immer auch wieder kleine Wege nach oben, wenn da jemand ist, der die Hände reicht …«

Und besonders nah war dir Hedwig Kiràly, deine letzte Partnerin, die dich am 14.4.2013 tot auffand. Ich besuchte sie im Januar 2024. Du warst ein Jugendschwarm von ihr. Ihr fandet spät zusammen. Hedwig vermisst dich und die schönen Wanderungen mit dir. »Marco war so einzigartig liebenswürdig«, sagte sie. Das kommt mir bekannt vor. »Und stur«, ergänzte sie, ebenfalls gut nachvollziehbar. »Beim Wandern verstanden wir uns besonders gut. Aber Stöcke zu benutzen, war für ihn ein No-Go. Er hatte so seine Vorstellungen, auch beim Alkohol. Ja, da zog er in den letzten Jahren sogar immer wieder relativ trockene Phasen durch.«

Spaziergänge

Ich versuche zu verstehen, wie du, Marco, dich mit deinem hellen Wesen vermehrt in dunkle Kammern zurückgezogen hast. Vielleicht leihe ich dich auch ein wenig aus, um mir selbst mehr auf die Spur zu kommen. Mich interessiert jedenfalls, was deinen Werdegang mitprägte? Wir redeten ja viel darüber, oft spazierend. Ich greife einzelne Gesprächsinhalte nochmals auf.

Nach der Beerdigung reflektiert unser Bruder Walter (im April 2013), er müsse die gesamte Feier noch etwas setzen lassen. Vielleicht seist du deinem eignen Mythos erlegen? Wir seien mit Überhöhungen aufgewachsen, ein gewisses Sendungsbewusstsein gehöre zu unserer Muttermilch und der Durst nach Mythen sei groß. Er habe als Pfarrer gerade in kleinem Kreis einen vielschichtigen Menschen beerdigt, viel Nähe erlebt und einen Nachruf werde es nicht geben. Was Walter damit anspricht, Marco: Zu deinem Tod erschienen mehrere Nachrufe. Und viele Leute kamen zur Beerdigung. Aber andere sterben auch. Und wir wollen doch eine gerechtere Welt.

Walter hat sich als Theologe die Beerdigung auch einfacher und unkirchlicher vorgestellt, ohne Vaterunser, Segen und Gesangsvorträge. Mit »Bescheidenheit« habe das nichts zu tun, eher mit dem Bedürfnis, eine Gestalt zu finden für das »Bloß-Menschliche«.

Manchmal denke er durchaus mit einer gewissen Wehmut an seine einst recht heile Glaubenswelt zurück. »Auf unsicheren Pfaden hatte ich immer einen guten Freund bei mir.« Doch dann folgte immer mehr Abschied. Wohl wissend, dass unser Verstehen nur Stückwerk sei, aber trotzdem helfe, Überhöhtes und Verklärtes ein wenig zu durchschauen. Das könne ernüchternd, sogar schmerzhaft sein und doch gehöre zum Reifen, auf Schutzräume zu verzichten und anstelle von Antworten mehr Fragen zu stellen. Dies führe immer wieder in eine ganz eigene Stille, Melancholie, ja Traurigkeit. Aber mit Depression habe das kaum etwas zu tun, eher mit Nachdenklichkeit in einer Welt, in der es an Tiefenschärfe mangle und in der wir – trotz gutem Willen – einander immer wieder verfehlten, aber auch zu eigener Leichtigkeit finden könnten, indem wir Grenzen anerkennen. Das mache bescheiden und ermögliche eine Würde und Freiheit eigener Art. Sie habe wohl mit dem lächelnden Sisyphos bei Camus zu tun? Soweit, verkürzt, wie unser Bruder Walter über die Beerdigung nachdachte.

Ich antwortete ihm dann, was dir, Marco, bekannt vorkommt: »Lieber Walter, ›Ich glaube nicht an Gott, aber ich vermisse ihn.‹ Das habe ich kürzlich von dir gelesen. Und: ›Je mehr ich die Welt, uns Menschen, mich selber versuche zu verstehen, umso entzauberter kommt mir manchmal alles vor, oft sogar recht banal …‹ Ja, das finde ich interessant und frage mich manchmal: Wie können wir verstehen, was uns fremd ist? Die Frage unterstellt eigentlich, dass es möglich ist, Fremdes zu verstehen. Aber wie? Und erst noch das Fremde in uns?

Vielleicht können wir Fremdes nur ein wenig verstehen, wenn wir akzeptieren, dass wir es nicht verstehen, und versuchen, das Eigene im Fremden und das Fremde im Eigenen zu entdecken? Denn so zeigt sich, wie sich viel Fremdes im Vertrauten und Vertrautes im Unvertrauten verbirgt. Was fremd ist, lässt sich wohl kaum fassen. Sich fremd fühlen kann aus meiner Sicht eine Form sein, die Nichtakzeptanz des Fremden nicht zu akzeptieren. Das Fremde bleibt fremd, indem es sich dem Zugriff entzieht und nicht identifizieren lässt. Die Fremdheit verbindet vermutlich am ehesten, indem sie bestehen bleibt. So kann sie helfen, das andere Ich als anderes Ich zu anerkennen.

Die Akzeptanz setzt jedenfalls ein Ja zur Differenz voraus. Dazu gehört das Integrieren der eigenen Fremdheit. Es ermöglicht hoffentlich eine Vertrautheit, die Widersprüche zulässt, ohne in Beliebigkeit abzudriften. Ja, so schwierig ist es, mit dem Einfachen.«

Soweit die Korrespondenz, die du wohl als »etwas verknorzt« bezeichnen würdest. Aber das Suchen nach Tiefe ist ja auch dann spannend, wenn die Reichweite beschränkt bleibt. Ja, so begegnen wir unserem eigenen Unvermögen. Das müssen wir doch akzeptieren und dranbleiben. Quasi existenzialistisch, wie von dir oft postuliert, Marco.

Aber du hast wohl auch hohe Erwartungen an dich selbst verstärkt und übernommen. Wie ich. Darauf weist mich Esther seit 1968 immer wieder hin. Ich habe dich oft idealisiert und damit dein weiteres Entfalten eher behindert. Andere haben das noch ausgeprägter getan und dich persönlich zu wenig konfrontiert. Oder sie haben es probiert, und du hast nicht darauf reagiert. So mag denn das gemeinsame Überhöhen dazu beigetragen haben, vermeintliche Bescheidenheit in versteckte Erhabenheit zu verkehren. Das sind wohl zwei Seiten derselben Münze.

*

»Aber Ueli«, wendet unsere Schwester Christa ein, »du schreibst ausführlich über deine inhaltlichen Gespräche mit Marco. Für mich ist das ein großes Fragezeichen, dass ihr bis zum Schluss solche Gespräche führen konntet. Sicher, Markus/Marco war ein sehr vielseitig, sozial, ethisch, literarisch, politisch interessierter und gebildeter Mensch gewesen und hatte zu allem eine entschiedene Meinung, sicher in seiner Basler Zeit. Aber auch in den schwierigen Jahren in Sissach, gezeichnet vom Alkohol? Ich weiß es nicht.«

Nun, das ist ja spannend, Marco. Aber wir haben doch, meine ich, bis zuletzt recht eingehend miteinander gesprochen, sogar kurz vor deinem Tod noch über Heraklit. Du hast auch neue Bücher bestellt, gelesen, Radiosendungen gehört und öffentliche Beiträge von mir kritisiert. Deine Stimme blieb mir wichtig.

Oder beschönige ich die Realität, um sie besser auszuhalten? Die folgenden Erinnerungen beziehen sich jedenfalls auf Debatten, die wir oft auf Spaziergängen geführt haben. So etwa zur Sucht, Depression, zum Mangel und Leiden. Das waren ja Dauerbrenner.

Spaziergänge fördern zudem das sinnliche Wahrnehmen, das freie Assoziieren und Artikulieren. Da tauchen manchmal spontane Gedanken auf, die beim rationalen Erklären verdeckt bleiben oder so verklärt werden, wie wir sie gerne hätten.

Lucius und Annemarie Burckhardt haben an der Hochschule Kassel so etwas wie eine Spaziergangswissenschaft entwickelt. Das sinnliche Wahrnehmen von Natur ermöglicht neue gedankliche Zugänge. Es fördert auch eine Komplexität zutage, die sich verengter Rationalität entzieht. Und so unterscheiden sich spontane Erinnerungen auch von vordergründigen Erklärungen, bei denen wir uns Sachverhalte so mitkonstruieren, wie wir sie gerne präsentieren möchten. Wir haben das in unserer Studie *Raum und Macht* (Zürich 2014) weiter ausgeführt. Und der Biologe Markus Ritter erörtert darin, was unabdingbar zur Spaziergangswissenschaft gehört, nämlich das ergänzende, vertiefende und »lustvolle« Aufdecken struktureller und konkreter Interessenlagen, die sich hinter sozialen Wahrnehmungen und Realitäten verbergen.

Aber ich will nun damit keine hohen Erwartungen wecken, sondern einfach aufnehmen, worüber wir uns öfters ausgetauscht haben. Vielleicht erhellt dieser etwas distanzierte Zugang weitere Aspekte.

Ich skizziere dreizehn Folgerungen thesenartig und leite sie mit einzelnen Gesprächsfetzen her. Im Sinne fragmentarischer Vorannahmen, die sich zwar keineswegs überprüfen, aber hoffentlich weiter differenzieren und fundieren lassen. Kritiken sind erwünscht.

Sucht. Suchtfragen standen oft im Zentrum unserer Spaziergänge. Zunächst fokussierten wir die Themen etwas eng auf den »bösen Feind Alkohol«. Du lerntest ihn von Kindsbeinen an kennen. Vor allem über Alkoholiker, die bei uns hausten und dir anfänglich etwas Furcht einflößten. Aber sie weckten mit ihren Geschichten über Ein- und Ausbrüche auch dein Interesse. Und sie berührten Vaters Herkunft, die bei uns tabuisiert war, was sie suspekt, aber für dich umso attraktiver erscheinen ließ.

Darüber sprach ich auch mit Claudine Aeschbach, einer erfahrenen Psychoanalytikerin und Psychotherapeutin, die unter anderem in der Klinik arbeitete, in der du zum Entzug warst. Sie hält dafür, das umfassende Suchtwissen einzubeziehen, aber auch jeden Fall einzeln zu analysieren. »Erkrankungen betreffen oft mehr als nur einzelne Personen«, so Aeschbach. »Sie belasten auch die Familie und das Umfeld.« Zudem sei Sucht in unserer Gesellschaft omnipräsent. Sie zeige sich in vielen Bereichen. Und verleite dazu, sich allmächtig zu fühlen. Das hänge auch mit einer zuweilen stark narzisstischen Prägung zusammen. Sie disponiere zur Abhängigkeit von Mitteln, die sich quasi beliebig benutzen ließen. So habe dann eben das Subjekt stets die Dominanz über eine Substanz, »die tröstet, den Schmerz nimmt, stets verfügbar ist und nicht widerspricht«. Und damit erhöhe sich auch das illusionäre Allmachtsgefühl, alles im Griff zu haben. Anfänglich helfe es dann wohl, ein wenig den Narzissmus zu nähren. Aber bald einmal gehörten mehr Konfrontation und die Fragen dazu: »Was blenden Sie aus und was ist der Grund, weshalb Sie sich kaputtmachen?«

Übergreifend sei die Erkenntnis, dass sich in religiösen

Kontexten besonders rigide Über-Ich-Strukturen herausbilden können, die dann mit triebhaften Anteilen in Konflikt geraten und eigentlich ein starkes Ich erforderten, das aber oft fehle. In der Sucht äußert sich laut Claudine Aeschbach auch viel Abwehr, um unerträgliche Gefühle auszuhalten. Und wer sich beispielsweise selbst minderwertig fühle, tendiere öfters dazu, andere abzuwerten.

»Es gibt aber auch«, wandtest du jeweils gerne mit vieldeutig auf mich gerichtetem Blick ein, »eine Sucht nach Arbeit und Anerkennung«. – »Ja, sicher«, räumte ich vielleicht auch deshalb betont offen ein, um dir ein wenig den Wind aus den Segeln zu nehmen. Und so verwies ich dann, keineswegs verlegen, gleich auf diverse Studien.

Der Psychologe Thomas Kornbichler beschreibt die *Sucht, ganz oben zu sein* (Freiburg i.Br. 2007). Und der Psychoanalytiker Hans-Jürgen Wirth analysiert in *Narzissmus und Macht* (Giessen 2002), wie in unserer Gesellschaft vornehmlich nach oben gelangt, wer über gute Ellenbogen verfügt. Soziale Kompetenzen sind weniger gefragt. Und Gerhard Dammann, der die Psychiatrische Klinik in Münsterlingen leitete, taxiert die Sucht nach Anerkennung als Motor für Erfolg. Mit Emotionslosigkeit und süchtigem Ehrgeiz lasse sich viel erreichen, meinte er an einem Kolloquium im Basler Seminar für Soziologie, zu dem du auch kamst.

Wir sprachen darüber, wie der Narzissmus die Sucht nach Erfolg mit einer Führerschaft verbindet, die gerade in Krisen gefragt und auch deshalb gefährlich ist, weil narzisstisch Besetzten die Bodenhaftung und das Gefühl für Grenzen fehlen. Sie erheben sich über andere und sehen in ihnen viel Feindliches. Sie gewähren wenig Unterstützung und nutzen ihre Energie für eigene Ziele. Die Konkurrenz verlangt, sich stets durchzusetzen, auch gegen Mitarbeitende. So sind denn Geltungssüchtige mit andern nur oberflächlich verbunden.

Geltungssüchtige pflegen vornehmlich ihr eigenes Ego. Das verleiht ihnen scheinbar mehr Selbstwert. Hinter der Sucht verbergen sich aber emotionale Vernachlässigung und erlebter Mangel (an Selbstwert). Hinzu kommt die Erfahrung fehlender (oder zu enger) Grenzen. Wer fremde Gebote verinnerlicht, erfährt den äußeren Erfolg als Mittel zum Zweck. Wichtig ist dann, im Rampenlicht zu stehen. Das hält andere auf Distanz, die einen bewundern sollen. Die Sucht nach Anerkennung drückt auch Angst vor Nähe aus. Sie behindert eine Empathie, die andere wirklich verstehen will. Folgen des narzisstischen Drangs sind Neid, Gemütsdusel, Wutanfälle und Zynismus.

Zur Sucht nach Anerkennung zählt Psychotherapeut Thomas Kornbichler eben auch »die Sucht, ganz oben zu sein«. Er deutet sie als fehlgeleitete Kompensation empfundener Minderwertigkeit. Für Mächtige ist genug nie genug. Sie wollen noch mehr Anerkennung. Und ihr Einfluss gibt ihnen vordergründige Sicherheit. Sie wenden sich allerdings kaum fördernd andern zu. Sie suchen Wissen nicht wegen der Wahrheit, Kunst nicht wegen der Schönheit, Menschen nicht wegen der Geselligkeit und Wirtschaft nicht wegen dem allgemeinen Wohl. Und das Bad in der Menge soll innere Leere affektiv aufladen.

Allerdings führen ein verändertes Bewusstsein und guter Wille noch keineswegs aus der Sucht. Und Selbstgerechtigkeit versperrt den Ausweg erst recht. Erhabenheit ist bei Abhängigen und Helfen-Wollenden eine Falle. Vielleicht ist deine Alkoholsucht ein schier revolutionärer Bruch mit deinem privilegierten Werdegang, bei dem dir ein Leiden fehlte, das du verklären und idealisieren konntest. Bei einem nächsten Spaziergang würde ich dir jedenfalls mehr zuhören, statt Eigenes wertend in dich zu projizieren.

Nun, du wolltest auf frühere Gewissheiten verzichten und vermisstest sie doch. Und du wolltest diese Ambivalenz aushalten, aber das Leiden gleichwohl etwas betäuben. Ja, warum nicht. Das ist menschlich. Inmitten einer Gesellschaft, die Mangel und Stress mit Konsum kompensiert.

Erste Folgerung: Deine Alkoholabhängigkeit reproduziert gesellschaftliche Suchtstrukturen und führt eine tabuisierte familiäre Tradition weiter. Du hast zudem die stoffliche Wirkung unterschätzt und deine Resilienz überschätzt. Du hast dich selbst überhöht und mystifiziert. Und du hast die Randständigkeit idealisiert, die dir bei einzelnen Alkis imponiert hat.

Mangel. Vor Sucht schützt die Bereitschaft, eigene Mängel zu ergründen, statt konsumistisch zu kompensieren. Davon gingen wir beide einmal aus und fragten dann für einen Beitrag im *Marxistischen Wörterbuch* weiter, was uns wirklich fehlte: das Nötige, Gute, noch Bessere? Ja, neue Horizonte öffnen sich, wenn wir den Mangel als Potenzial betrachten.

Eine Arbeiterin benötigt scheinbar keine höhere Bildung. Wozu auch! Im Unterschied zum Prokuristen. Das scheint normal zu sein. Er hat Anspruch darauf. Aber wie normal ist diese Normalität?, fragtest du immer wieder.

Im Mangel sahst du auch etwas Widerständiges, das subversiv ausdrückt, was sein könnte. Etwa bei der Armut. Bei etlichen sozial Benachteiligten fällt ein starker innerer Rückzug auf. Sie fühlen sich für Verhältnisse verantwortlich, die primär gesellschaftlich verursacht sind. Nach außen erwecken sie den Anschein, alles sei in bester Ordnung. Trotz eigenem Leiden. Resignative Haltungen und depressive Verstimmungen können sich allerdings in Empörung verwandeln. Dabei hilft Transparenz über soziale Ungleichheiten. Wobei sich Wut oftmals auch rechtspopulistisch vereinnahmen lässt.

Bei der Armut geht es gewiss um Mangel an sozialer Sicherheit. Zudem um Mangel an Empörung. Der Blick auf Reiche kontrastiert den angeblich selbstverschuldeten Mangel. Er zeigt auch, wie Reichtum vererbt wird und oft wenig mit Leistung zu tun hat. Das empört Menschen, die viel arbeiten und wenig verdienen. Ihre Wut wirkt sich allerdings unterschiedlich aus. Einerseits fördert sie die Bereitschaft, sich mehr für eigene Interessen einzusetzen, um Mangel zu bewältigen. Andererseits erhöht sie die Gefahr, Halt bei autoritären und populistischen Kräften zu suchen. Und das bedeutet, den Mangel immer wieder mit jenen Mitteln anzugehen, die ihn verursachen. Das ist ein bekanntes Muster. Und Empörung bleibt wohl so lange machtlos gegen Mangel und Resignation, bis eine produktive Handlungsalternative vorliegt. Wichtig ist das Vermitteln eines Bewusstseins, dass Mangel kein Schicksal, sondern veränderbar ist. Der Hinweis auf gemeinsame Betroffenheiten entlastet von persönlichen Schuldgefühlen, die unter Bedingungen der Vereinzelung besonders ausgeprägt sind.

Von Stéphane Hessel hast du mir noch die Streitschrift *Empört Euch!* (Berlin 2011) geschenkt. Ja, empören wir uns! Zum Beispiel über soziale Ungleichheiten. Und dabei hilft, wenn wir auch darauf achten, was uns motiviert, so zu handeln, wie wir handeln. Dann entdecken wir, was verborgen mitagiert, wenn wir uns mit guten Taten über andere erheben wollen. Zum Beispiel aus einem Mangel an Anerkennung und Selbstwert?

Von Ernst Bloch nahmen wir auch den Mangel an konkreter Utopie auf, die sich gegen das Elend stellt, reale Wunschbilder vorwegnimmt und über sie etwas vom Noch-Nicht-Seienden dokumentiert, das frei von Leiden und Entfremdung ist.

Zweite Folgerung: Deine Startbedingungen waren recht günstig, gesellschaftlich und familiär. Sie halfen dir, in mehreren Bereichen zu reüssieren. Das weckte hohe Erwartungen und verstärkte den Mangel, wütend sein und Fehler machen zu dürfen. Du musstest immer nett und gut sein, ohne wirklich gut sein zu dürfen. Erfolge waren in unserer Familie erwünscht und verpönt.

Gassenarbeit. »Herr M. Mäder verstand es, Probleme der Jugendlichen zu erkennen und mit ihnen in tragfähige Beziehungen zu treten«, schreibt Rudolf Henrich, der damalige Leiter des Jugendamtes, in deinem Arbeitszeugnis vom 30. November 1987. Deine besondere Arbeitsweise habe darin bestanden, die Jugendlichen in ihren Lebensbereichen zu treffen, vor allem auf der Gasse. Und Klaus Meier, Basels langjähriger Gassenarbeiter, erwähnt in seinem Beileidsbrief zu deinem Abgang, wie gerne er mit dir zusammengearbeitet hat. Aber wie konntest du, selbst süchtig, hilfreich sein? Das fragte ich dich ab und zu. Sicher auch einmal auf einem unserer beliebten Gänge von der Sissacher Fluh zum Bischofstein. »Schon wieder so eine suggestive Frage«, antwortetest du wohl. Aber nein, bei dir haben gewiss auch viel Einfühlung und Intuition geholfen, wie bei unserem Vater. Das anerkenne ich gerne. Zudem hattest du ein für mich stimmiges systemisches Verständnis der Gassenarbeit.

Die 68er-Bewegung ließ die Gemeinwesenarbeit neu aufleben, die Randständige kollektiv ermächtigen wollte, öffentliche Räume mitzugestalten. Dir entsprach diese strukturell angedachte, »aufsuchende und reflexive Sozialarbeit«. Und so engagiertest du dich auch, selbst schon arg angeschlagen, im Verein Schwarzer Peter, der ja erst 1983 entstand, primär Gassenarbeit betrieb und durchaus 68er-Anliegen aufnahm.

Du hast selbst wenige Habseligkeiten hinterlassen. In einer Schublade steckten allerlei Fotos und Briefe. Drei Karten erinnern an 1968, zwei sind von Rägel: »Die Utopie ist ein Teil der Wirklichkeit« und »Unter dem Pflaster der Strand«. Von mir stammt die dritte Karte: »Soyez réalistes, demandez l'impossible«, Paris 1968. Diese »Ansagen«, meintest du, damals, »öffnen mehr Horizonte als viele Argumente und Zahlen«. Sie beflügelten deine soziale Arbeit. Im Sinne der Gemeinwesenarbeit (GWA). »Community workers« engagierten sich 1968 dafür, gesellschaftliche Strukturen zu demokratisieren. Einzelne taten dies etwas übereifrig ideologisch motiviert. Das diente dann als Vorwand, die GWA zu bürokratisieren und zu psychologisieren. Soziale Teilhabe und Mitbestimmung blieben vernachlässigt. Dies ebenfalls bei abstrakten Systemtheorien.

Die Soziale Arbeit sollte, machtest du geltend, vielmehr praxisorientiert an ihre kritische Tradition anknüpfen. Du plädiertest dafür, soziale Realitäten »seismografisch« (basisnah) zu ergründen, differenziert zu kommunizieren und theoretisch sowie methodologisch zu vertiefen. Das ergänzte sich gut. Besonders faszinierten dich Saul Alinskys *Anleitungen zum Mächtigsein*, die schon ein Jahr vor deiner Geburt erschienen. Er setzte sich für Marginalisierte ein und postulierte, die Gesellschaft selbst organisiert von unten zu verändern. Sein Buch galt einst als Bibel der Sozialen Arbeit. Lange Zeit vergriffen, hat es der Lamuv-Verlag (Göttingen 1999) neu aufgelegt. Leider kaum bemerkt.

Ein Graffiti erinnert an diese Tradition: »Wir scheitern nicht an den Niederlagen, die wir erleiden, sondern an den Auseinandersetzungen, die wir nicht wagen.« Dieser Wandspruch in der Nähe der Berner Reitschule ruft zu keiner neuen Allmacht auf. Er kontrastiert vielmehr eine bekannte Haltung. Wann immer ein guter Vorschlag aufs Tapet kommt, finden wir gleich viele Gründe, um ja nicht handeln zu müssen.

Eine Kultur der Auseinandersetzung regt hingegen dazu an, Widersprüche offen anzugehen, Neues auszuprobieren und aus Fehlern zu lernen. Und so warst du ja einmal unterwegs, motiviertest andere dazu, bis du dich, über den Gang der Dinge ernüchtert und von körperlichen Leiden eingeholt, zurückzogst. Wie andere, die zuerst »himmelhoch jauchzend« die Welt aus den Angeln hieven wollten und dann »zu Tode betrübt« abstürzten.

Aber du kanntest ja Bertolt Brechts *Me-ti. Buch der Wendungen* und zitiertest gerne, was der Sozialphilosoph rund fünf Jahrhunderte vor unserer Zeitrechnung gesagt haben soll. Sinngemäß: Wer einen breiten Fluss überqueren will, kann auch eine relativ seichte Stelle auswählen, um das andere Ufer zu erreichen. So können wir zudem eigene Kräfte regenerieren. Sie helfen, gegen die Strömung zu schwimmen, was immer wieder unvermeidlich ist.

Dritte Folgerung: Du sträubtest dich früh gegen biedere Anständigkeit und militärische Ordnung. Unsere Mutter, selbst Hilfsarbeiterin, verkörperte ursprünglich das aufstiegsorientierte Kleingewerbe, unser Vater den bäuerlichen Abstieg und das Proletariat. Randständige wirkten auf dich echt, lebendig und hilfsbedürftig. Mit ihnen fühltest du dich wohl. Für sie, die ungerecht Behandelten, wolltest du dich engagieren. Mit Hilfe deiner feinfühligen Intuition, die sich als wertvolle Ressource erwies. Aber du hättest methodische Grundlagen der Sozialen Arbeit und psychoanalytische Zugänge eingehender einbeziehen müssen, statt dich etwas anmaßend und teils zu intuitiv darüber hinwegzusetzen.

Leiden. Ab und zu summtest du die Melodie des Lieds »Selig sind, die Verfolgung leiden um der Gerechtigkeit willen« (nach Matthäus 5,10) vor dich hin. Die vertonten

Bibelworte sprachst du zwar längst nicht mehr aus. Der Zusatz, »denn ihrer ist das Himmelreich«, befremdete dich. Aber beim Summen schwangen sie mit. Vielleicht musstest du dir selbst Leid antun, weil es dir fehlte.

Im April 2009 wanderten wir zusammen über den Gasthof Alpbad zur Sissacher Fluh. Du entblößt deinen Oberkörper, nimmst, bis auf die Knochen ausgezehrt, die wärmenden Sonnenstrahlen in dich auf. Wir sprechen darüber, wie die österliche Passion das Leid als soziales Manifest symbolisiert. »Theologie der Auferstehung« belegtest du noch im Frühjahr 1975 an der Uni. »Du erinnerst mich an Jesus am Kreuz«, sage ich dir etwas flapsig. Wir lachen.

Ich spiele auf den Film *La Vie de Jésus* an, den Bruno Dumont schon 1997 realisierte. Wir schauten ihn uns auf meinem Laptop in deiner »Höhle« an. Dann auch noch den Film *Flandres*, den der gleiche Autor 2006 zur sozialen Lage von Jugendlichen produziert hatte. Mich interessierte deine Sicht. Du warst ja studierter Theologe, ehemaliger Jugendarbeiter und selbst leidend.

Beide Filme zeigen massives Leid, Trostlosigkeit, öde Landschaften und Langeweile. Die Bilder erschüttern. Mit brutalen Szenen, Totschlag und Vergewaltigung! Sie stoßen uns ab. »Die Wirklichkeit ist gespielt real«, sagst du. Ab und zu tauchen Horizonte auf. Und am Schluss erscheint in *Flandres* ein Licht am Himmel, das auf die beiden Hauptdarstellenden fällt. Vielleicht sind sie ein Liebespaar. Die dunkeln Wolken bleiben. Aber das Licht hellt die Gesichter kurz auf. Ähnlich in *La Vie de Jésus*.

In einer Szene liegt Freddy, der Hauptprotagonist, im nassen Feld. Er nimmt ein paar Sonnenstrahlen auf. Bezüge zur Passionsgeschichte sind unverkennbar. Wir konstruieren sie auch persönlich mit. Wir projizieren eigene Anteile in andere Leiden, die unsere überdeckten Erfahrungen aktualisieren. Das ist uns beiden klar.

Kader, »der Araber« (Beur), spricht im Film *La Vie de Jésus* die Marie (alias Maria?) an. Die beiden treffen sich. Sie überschreiten die Grenzen der rassischen Segregation. Damit entbrennt ein Konflikt, der ausartet. Kader wird verfolgt und getötet. Freddy, der Protagonist, flüchtet und sucht Zuflucht im Feld. Er starrt zu den Wolken und hofft vielleicht auf ein Wunder, eine »Wiederauferstehung«. Ein Lichtstrahl fällt vom Himmel auf sein Gesicht. Freddy erscheint so als Täter und Opfer.

Unser Vater, erinnern wir, erzählte uns ab und zu von rüden Szenen, die er als Bub auf dem Bauernhof seines Vaters erlebt hatte. Mutter wehrte jeweils gleich ab. »Erzähle den Kindern doch keine solchen Schaudergeschichten.« Das Leiden von Jesus, der für uns am Kreuz gestorben ist, malte sie uns jedoch in allen Farben aus, auch blutroten. Und dies inmitten unserer heilen Welt, die sich so weiter stabilisierte. Das schockierte und motivierte dich dazu, den steilen, steinigen und schmalen Pfad zu gehen, der über das Dunkle zum Licht führt. Wer mitleidet, verzichtet gerne und etwas erhaben darauf, dem Mainstream zu folgen. Soweit meine »vulgärpsychologische Deutung«, wie du jeweils sagtest. Und sonst?

Du fragst, ob der Titel des Films passt? Er wirke wie ein rätselhafter Kommentar zur Erzählung. Vielleicht verkörpert Freddy das Teuflische. Und der verfolgte Kader ähnelt einem gängigen Bild von Jesus, mutmaßen wir. Ja, er spricht von Liebe, leidet permanent und hat keine Chance. Er muss die feindlichen Blicke seiner Kollegen erdulden. Ebenso die abwertenden Äußerungen und Drohgebärden der Ansässigen. Bis zum bitteren Ende.

Freddy lebt jedenfalls in einer Welt, in der es wenig zu hoffen und zu wünschen gibt. Arbeitslosigkeit herrscht vor. Der Mangel nährt rassistische Haltungen. Gewaltrituale entstehen aus Langeweile. Aufkommende Verzweiflung kennzeichnet die gesellschaftliche Realität. Persönliche und soziale Beziehungen brechen auf. Was bedeuten schon Freundschaft und Liebe? Was stiftet überhaupt noch Sinn im Leben? Die Umstände sind schwierig. Und gesellschaftspolitisch brisant. »Das ist auch soziologisch relevant«, stelle ich fest. Die Rahmenbedingungen reichen allerdings kaum aus, um zu verstehen, warum und wie sich Groll in Hass verwandelt. »Und was lässt Freddy emotional überborden und erstarren?«, fragst du weiter.

Bruno Dumont entblößt einen fortschreitenden psychischen Zerfallsprozess. Menschliche Werte lösen sich auf, bis hauptsächlich bloße Brutalität dominiert. Freddy blickt flüchtig und starr in die Welt. Sein Blick verliert und konzentriert sich, seine Augen funkeln. Sein Schweigen erweckt den Anschein einer gefühlsmäßigen Tiefe, die wohl mehr innere Leere ausdrückt. Er spricht, indem er schweigt und sich verweigert. Der Verzicht auf direkte Kommunikation von Liebe, Eifersucht und Hass führt zum Tod. Der Widersacher muss sterben. Wie Jesus am Kreuz? Oder verleitet der Titel des Films dazu, diese Analogie ein wenig zu strapazieren? Rassismus, Gewalt und Hass dokumentieren jedenfalls die fehlende Integration. Freddy findet in *La Vie de Jésus* kaum Zugang zu gesellschaftlichen Ressourcen. Er fühlt sich von Bildung, Beruf und Partnerschaft ausgeschlossen. Was ihm männliche Identität und menschlichen

Respekt verspricht, ist das projektive Abwerten anderer Subjekte, die mehr als Objekte erscheinen. Sie sind, aus Nordafrika migriert, ebenfalls fremd und ausgeschlossen. So rächt sich Freddy an Kader, der seinem sexuellen Objekt, Marie, Angebote macht. Rechtfertigen kann er seine Tat eigentlich nicht.

Auch Demester, der Protagonist in *Flandres* verstummt. Er rächt sich im militärischen Einsatz gegen die Zivilbevölkerung. Und findet am Schluss doch noch die Sprache. Er flüstert »Barbe« (alias Maria?) zu, dass er sie liebt. Seine Worte wirken zwar etwas floskelhaft und larmoyant. Aber sie sind mehr als Worte. Sie kommen an und verbinden situativ. Wie der einfallende Lichtstrahl, der auch hier kurz aufscheint und das Paar als Liebespaar erscheinen lässt.

Die beiden Filme *La Vie de Jésus* und *Flandres* berühren dich. Sie erhellen Ambivalenzen und menschliche Lebenslagen von Benachteiligten und andern.

Wir sind auf der Bank oberhalb des Alpbad angelangt und ruhen ein wenig aus. Unser Austausch verstummt. Jetzt bloß keine weiteren psychologischen Deutungen mehr von meiner Seite, denke ich, sonst streiten wir. Also schauen wir einfach vor uns hin. Und irgendwann treffen sich unsere Blicke, länger als gewohnt. Das sind in letzter Zeit unsere schönsten Augenblicke. Und ich versuche, das einfach so zu akzeptieren und mich über unseren Austausch zu freuen.

Wichtig ist wohl, mehr an das anzuknüpfen, was verbindet, statt über das zu stolpern, was trennt. Und wenn wir dabei die Natur wirklich wahrnehmen und unsere Blicke auch in die Weite schweifen lassen, dann relativieren sich alltägliche Dringlichkeiten und persönliches Leid, das zwar, wie die Sucht, ernst zu nehmen, aber eben auch gesellschaftlich zu betrachten ist, sonst fällt uns die Decke eher auf den Kopf.

Vierte Folgerung: Das Leiden hat es dir angetan. Der steinige, schmale Weg führt zum Licht. Das war dir von Kindsbeinen an so vorgegeben. Aber Vieles lief dann rund. Größere Stolpersteine und existenzielle Herausforderungen fehlten. Mehr Einsatz für andere, über deine Schmerzgrenzen hinaus, bot sich als Ersatz an. So konntest du körperlich und seelisch etwas mitleiden und dich dabei gut fühlen.

Vergänglichkeit. Du hast, Marco, auch mit deinem früheren Freund Roland Buser ab und zu in die Sterne geschaut, über Sinnfragen und die Endlichkeit nachgedacht. Roland hat auch unseren älteren Bruder Walter über »Bildung, Bewusstsein und Erkenntnis« interviewt und das Gespräch in sein Buch *Der Mensch im Kosmos* (Liestal 2018) aufgenommen. Diese Fragen über Sinn und Endlichkeit haben dich stets fasziniert. Gleichwohl hast du trotz erhellendem Weitblick deine Lebendigkeit ersäuft. Vielleicht hat dich das Ungewisse mehr irritiert, denn inspiriert.

Wer das Helle sucht, muss laut Roland das Dunkle zulassen. Zum Beispiel die Gewalt. Wer sie in die Vergangenheit verbannt oder nur andern zuschreibt, stolpert über sie. Und wer einen möglichst friedlichen Weg gehen will, ist möglicherweise besonders gefährdet. Denn dieser Weg verläuft an Abgründen vorbei, weder gradlinig noch eben. Darüber unterhieltest du dich auch mit Roland unter freiem

Himmel. Mit Blick auf die Sterne. In einer Berghütte in den Skiferien, im Sommer am Meer oder während einem nächtlichen Spaziergang.

Und wir kommen nun so darauf zu sprechen, wie wir überhaupt zu Erkenntnissen gelangen. Dazu gehört für mich zentral das Bemühen, eigene Vorannahmen weniger ins Feld zu projizieren, das wir betrachten. Sonst sehen wir immer wieder dasselbe. In der Soziologie kennen wir dazu ausgeklügelte Methoden. Aber oft hilft schon das ganz einfache Zuhören, das für viele kluge Menschen oft schwierig ist. Wenn wir uns sozialen Realitäten verstehend annähern wollen, müssen wir uns jedenfalls auf die Spur kommen, wie wir die Bilder, die wir von ihnen haben, mitkonstruieren. Das ist spannend und verlangt kritische Anregungen durch andere Sichtweisen. Du ließest sie früher gerne zu, wie mir scheint, aber je länger desto weniger. Vielleicht verengte die Sucht den Blick. Du wolltest Ungereimtes möglichst mit dir allein ausmachen. So wie unsere Mutter früher. Sie hielt dafür, persönliche Probleme zuerst im eigenen Kämmerlein zu bedenken.

In vielen einsamen Nächten fühltest du dich aber dem Kosmos nahe und verbunden, diesem komplexen Phänomen: ein geordnetes Chaos oder eine chaotische Ordnung? Wer die Ewigkeit wahrnehmen will, muss sich, wie Roland betont, viel Zeit für die Weite nehmen. Geduld helfe, aus einem Minimum an Licht ein Maximum an Erleuchtung zu schaffen. Das ist auch deshalb wichtig, weil das, was offensichtlich zu sein scheint, nicht einfach wahr ist. Aber das Suchen nach dem Wahren kennzeichnet die Neugier und das Wissenschaftliche. Leider rücken viele Menschen davon ab. Ebenso Bildungsstätten, die sich ökonomisieren und bürokratisieren. Du, lieber Marco, kehrtest diesem »Leerbetrieb«, wie du sagtest, den Rücken.

Fünfte Folgerung: Der philosophische Blick in die Sternenwelt öffnete deinen Horizont. Er unterstützte dich dabei, den absolut und abstrakt gesetzten Sinn zu relativieren und in einen konkreten sozialen Sinn zu verwandeln. Das blieb für dich stimmig und sinnig, aber schwierig. Denn mit dem Zulassen der Endlichkeit und Vergänglichkeit brachen Gewissheiten weg, die vordergründig mehr Sicherheit vermittelten.

Biografischer Zugang. Was machen wir aus dem, was die Gesellschaft aus uns macht? Diese existenzphilosophische Frage beschäftigte dich stets. Biografien drücken aus, was sich gesellschaftlich tut. Das gilt auch für deine. Egal, wie speziell sie daher kommt. Jede Biografie hat ihre Eigenheiten. Auch in sogenannt einfachen Lebensverläufen steckt viel Besonderes. Und in besonderen viel Einfaches. Das könnte uns Menschen mehr verbinden.

Gleichwohl frage ich mich, ob so eine biografische Sicht auf dich den Trend zur Individualisierung verstärkt. Diese Gefahr besteht, gewiss. Sie mindert sich mit dem Versuch, die soziale Umwelt einzubeziehen und darauf zu achten, wie sich das Gesellschaftliche im Persönlichen ausdrückt.

Der Individualismus führt wohl dazu, das Subjektive mehr zu betonen. So etwa in der Literatur und in den Humanwissenschaften. Dabei besteht die Gefahr, das Gesellschaftliche zuerst zu subjektivieren und dann zu privatisieren. Und das stellt in den Schatten, was biografische Zugänge eigentlich erhellen könnten.

Der Soziologe Pierre Bourdieu legt dar, wie externe Faktoren unsere Denk- und Handlungsmuster beeinflussen (*Die feinen Unterschiede,* Frankfurt a. M. 1982). Ja, sie prägen unseren »Habitus«, wobei unsere soziale (Klassen-)Lage uns keineswegs kausal bestimmt. Unser Habitus bildet sich über unsere Erfahrungen in der Kindheit und im ganzen Leben. Unser Lebensstil ist weder frei wählbar noch beliebig. Und feine Unterschiede äußern sich dann darin, wie wir den Tisch decken, die Gabel in die Hand nehmen, grillieren … »oder langatmige Vorträge halten«. Das würdest du spätestens jetzt einwenden und mich darauf hinweisen, alles schon mehrmals so »verklausuliert« gesagt zu haben. Okay, sorry. Ich probier's einfacher und direkter.

Du bist für mich ein ganz besonderer Mensch. So einzigartig wie alle andern auch. Aber niemand außer dir hat mir so oft die Schulaufgaben erledigt, damit wir früher Fußball spielen konnten, mich aus der Höhle ob der Schauenburg gerettet, deren Ausgang mir verschlossen blieb oder mich auf der Polizeistation besucht und stumm begleitet, als sie mich in Handschellen abführten. Und das waren keineswegs die einzigen Erlebnisse, die uns verbinden. Du warst oft mutig und sehr hilfreich. Aber dazu haben auch günstige Umstände und viele andere Menschen beigetragen. Wer sich Erfolge und Verdienste einfach selbst zuschreibt, täuscht sich selbst.

Sechste Folgerung: Alle Menschen sind einzigartig, aber auch stark durch ihre Vorwelt und ihr Umfeld geprägt. Wie du. Zu deinen besonderen Fähigkeiten haben günstige Umstände und du selbst viel beigetragen. Diese nüchterne Sicht hilft, sich weniger zu überhöhen. Dein Werdegang vermittelt, was die Gefahr befördert und vermindert, sich mystifizieren zu lassen.

Depression. Du sagtest mir öfters, du seist nicht depressiv, sondern »gerade etwas schwermütig und melancholisch«. Und beides sei für dich, gut dosiert, durchaus akzeptabel, ja sogar erstrebenswert. Ich nickte empathisch und wich dann gerne auf Studien aus.

Mit *La Fatigue d'être soi* betitelt der französische Soziologe Alain Ehrenberg (Frankfurt a. M. 2004) seine Untersuchung über das Phänomen der Depression, das aus seiner Sicht den Zeitgeist charakterisiert. Depressionen rücken in der zweiten Hälfte des 20. Jahrhunderts stark ins Bewusstsein. Ehrenberg deutet sie als Symptom für die Schwierigkeit, sich selbst zu sein. Was als individuelles Problem erscheint, das erschöpfte Selbst, ist aus seiner Sicht vorwiegend gesellschaftlich geprägt.

Das Individuum sieht sich jedoch auf sich selbst zurückgeworfen. Dies allerdings unfreiwillig. Zwar gelingt es vielen, die Not in eine Tugend zu verkehren und einen unternehmerischen Geist zu entfalten. Aber frei gewählt ist diese Entwicklung selten. Alle scheinen ihr eigenes Glück zu schmieden. Und wo guter Wille vorhanden ist, zeige sich auch ein Weg, heißt es. Die persönliche Leistung entscheide. Und wer unter diesen Bedingungen nicht reüssiert, ist selber schuld. Dieser Druck belastet Individuen und überfordert etliche. Davon zeugen Depressionen und psychische Instabilitäten. Sie sind ein kollektives Phänomen, das stark individualisiert und stigmatisiert ist.

Und wie war das bei dir? Wir lebten materiell gesichert. Unsere Mutter war stets nett und verständnisvoll. Du hast sie fast nie anders erlebt, manchmal nur mit traurigem Blick. Unser Vater brauste ab und zu impulsiv auf oder wirkte ärgerlich verstimmt. Aber du begleitetest ihn als Bub und Jugendlicher gerne, wenn er an Schulen (Suchtpräventions-)Filme zeigte. Du botest ihm auch nie wirklich die Stirn und versuchtest gleich zu vermitteln, wenn ich mit ihm auf Konfrontationskurs war.

Vater und Mutter arbeiteten bienenfleißig, aber mit klar ritualisierten und schön gestalteten Pausen, von früh bis spät. Sie gewährten uns viel Selbstverantwortung, kümmerten sich um das große Leid von andern und belobigten, wie privilegiert wir seien. Du betontest das ebenfalls. Und einmal verinnerlicht, ist es schwierig, Idealisierungen sein zu lassen. Vor allem, wenn einen rundum entsprechende Erwartungen umschwirren. Du erfülltest sie lange und brachst später umso radikal mit ihnen. Aber deine Bärlauchsträuße verschenktest du weiterhin. Und um andere Alkis und die Volière kümmertest du dich bis zu deinem Tod.

Siebte Folgerung: Depression ist eine gesellschaftlich mitbedingte und verbreitete Erkrankung. Eine Disposition zur depressiven Verstimmung ist menschlichen Wesen wohl gegeben. Sie äußert sich in einer Anfälligkeit für innere Antriebslosigkeit und äußere Rastlosigkeit. In beiden Varianten reduziert sich die dynamische Lebendigkeit, die auch dir teilweise abhandengekommen ist. Dazu trugen ebenfalls familiär und öffentlich (voreilig) zugeschriebene Rollen bei.

Flüchtige Orte. Bis zuletzt hattest du deine beliebten Orte. Im Wald gehörten sogar, hinter Bäumen versteckt, einzelne Weindepots dazu. Du zogst dich auch gerne in deine verqualmte Loggia zurück. Für andere war sie mit den vielen leeren Flaschen eher ein unbeliebter Ort.

Was ein ungeliebter Ort ist, beschreibt Gustave-Nicolas Fischer in *La Psychologie de l'espace* (Paris 1981): »Ein abgelehnter Ort ohne Erneuerung«. Beliebte Orte sind hingegen »akzeptierte Orte, die sich mit Symbolen des Wohlbefindens identifizieren lassen«. So simpel ist das. Du mokiertest dich über »banale theoretische Konstrukte«, die so »wohlfeil und aufgepeppt formuliert« daherkommen.

Nun, beliebte Orte ermöglichten dir, »Autonomie zu erleben und alltägliche Zwänge zu durchbrechen«. Dabei besteht allerdings die Gefahr, gängige Muster zu wiederholen und bloß den Schein der Freiheit zu wahren. So orientiert sich viel normierte »freie Zeit« an typischen Mechanismen der Arbeitswelt, von denen sie sich eigentlich absetzen wollte.

Der Soziologe Manuel Castells, der während Francos Diktatur aus Spanien fliehen musste, unterscheidet nebst privilegierten und peripheren Orten auch flüchtige Orte, die zur Oberflächlichkeit verleiten und sich verbreiten. In seinem Buch über das elektronische Informationszeitalter (2004) führt er aus, wie flüchtige Orte im Kontext der Globalisierung an Bedeutung gewinnen und die Erlebnisgesellschaft prägen, in der die Sphären der Produktion allmählich weniger prägend seien.

Ja, Menschen müssen heute möglichst mobil und flexibel sein und Kontinuität verabschieden. Die fragmentierte Lebenswelt strapaziert jedoch die individuelle Mobilität. Und das propagierte marktgerechte Menschenbild strebt eine Konsumkultur an, die Menschen nach der Kaufkraft beurteilt. Das kritisierten wir oft. Wobei wir 68er:innen teilweise auch autoritäre und sogar konsumistische Strukturen reproduzierten, von denen wir uns radikal absetzen wollten.

Du lebtest einfach. Gut ein Päckchen Zigaretten pro Tag reichte dir, zusammen mit einer Schachtel Zigarillos. Und der Wein ließ sich in den Kneipen aufschreiben. So einfach war das. Nein, das meintest du nicht wirklich.

Du nahmst eigene Widersprüche durchaus wahr und warfst dir selbst sogar unerbittlich vor, dich kaum mehr friedenspolitisch zu engagieren. Als ob du die Welt hättest retten können. Nachlässigkeiten von andern begegnetest du oft recht großzügig. Mit deinen eigenen hattest du mehr Mühe, ohne das kundzutun.

Achte Folgerung: Zu deinen beliebten Orten gehörten Wälder, Kneipen, der Friedhof, die Volière und deine dunkle (Wohn-)Höhle. Sie waren für dich, teilweise gut nachvollziehbar, eine kleine Gegenwelt. Anfänglich relativ angepasst lebend, setztest du zunehmend eigene Akzente, freundlich vermittelt, aber inhaltlich eigenwillig. Das trug dir viel Anerkennung und harsche Kritiken ein, die dich, nebst Todesfällen und politischen Enttäuschungen, stärker trafen als eingestanden. Du konsumiertest nun, warum auch immer, mehr Alkohol. Nachlässigkeiten nahmen zu. Und du radikalisiertest dich bis zur Verweigerung und zum Rückzug vom öffentlichen Parkett. Wobei du im Kleinen weiterhin einzelne sozial Benachteiligte unterstütztest. Das gelang dir fast leichter denn eigene beliebte Orte zu pflegen und selber Hilfe anzunehmen.

Friedens- und Konfliktforschung. Du begannst dein Studium 1966 mit viel Elan, Zuversicht und einer Vorlesung zur Friedensforschung. Und du beendetest dein Studium 1975 mit einem Seminar zur Friedensforschung. Da verspürtest du viel Herzblut und kontaktiertest gleich Johan Galtung, den Begründer des Osloer Instituts für Friedens- und Konfliktforschung (PRI). Du wolltest mit dem Institut kooperieren und teiltest den Ansatz der Kritischen Friedensforschung, Probleme ursächlich anzugehen und strukturell zu bewältigen. Neuere systemtheoretische und radikal konstruktivistische Ansätze konzentrieren sich hingegen darauf, Konflikte abstrakt zu theoretisieren oder deren Prozessdynamiken zu dekonstruieren. Sie kritisieren normative Vorstellungen einer friedlichen Gesellschaft, die dir inhaltlich wichtig blieben und das Sein am eigenen, demokratisch vereinbarten Wollen orientieren.

In der Praxis verlagerte sich dein Engagement aber auf die konkrete soziale Arbeit. Für dich war das nun Friedensarbeit im Kleinen, trotz Vorwürfen, einem Helfersyndrom zu erliegen. Du hofftest zwar noch auf einen Weltfrieden, sahst aber kaum mehr Möglichkeiten, dich wirkungsvoll dafür einzusetzen.

Im September 2007 nahmst du drei Tage an einem Soziologiekongress an der Uni Basel zum Thema »Krieg« teil. Du wirktest nach einem Alkoholentzug wieder etwas zuversichtlicher. Trotz dem Befund darüber, wie aktuell und beständig Kriege leider sind. Aktuell, weil sie weltweit unzählige Menschen bedrohen; beständig, weil sich die Geschichte auch als eine Abfolge von Kriegen lesen lässt.

So hat denn der Krieg gegen den Terrorismus seit 2001 mehr Tote gefordert als der Terrorismus selbst. Hoffnungen auf das staatliche Gewaltmonopol erfüllen sich kaum. Realistisch scheint eher die Vorstellung zu sein, mit Aufrüstung und präventiven Verteidigungskriegen den Frieden sichern zu können.

Aber nein, diese Illusion zeuge von einer verkehrten Welt, sagtest du am Kongress. Sie ist allerdings verbreitet und fordert die Friedensbewegung und alle heraus, die nicht nur schön reden wollen, sondern auch willens sind, das aktuelle Geschehen kritisch zu hinterfragen.

Der Soziologe Kurt Imhof war so einer. Du lerntest ihn am Kongress kennen. Er war fast eine Dekade jünger als du und starb zwei Jahre nach dir. Ich befürchtete ab und zu nach gemeinsamen Veranstaltungen, er könnte einmal mit seinem Motorrad verunfallen, auf das er sich jeweils zu später Stunde nach dem letzten »Schlummertrunk« schwang. 2013 kondolierte er noch zu deinem Tod. Und er starb dann 2015, auch an Krebs. Kurz zuvor mailte er noch, nun werde zurückgeschlagen, der Krebs werde verbrannt (Radiochirurgie), verstrahlt und in einer giftigen Chemiejauche ersäuft (Chemo). Das werde ein harter unberechenbarer Kampf, aber er wolle ihn gewinnen! Das gelang ihm nicht; er wurde keine sechzig Jahre alt.

Am Kongress interessierten dich Beiträge zu ideologischen Grundlagen einer »totalen Verteidigungsgesellschaft«. Hitzige Debatten löste in den 1980er Jahren bereits die Initiative für eine Schweiz ohne Armee aus. Du unterstütztest sie und setztest dich dem Vorwurf aus, ein Plebiszit für die Armee zu provozieren. Die Abstimmung brachte dann im November 1989 wesentlich mehr Zustimmung als erwartet. Aber du zogst dich just dann nach Sissach zurück.

1968 hofftest du noch auf die Kraft von Medien, künftige Kriege zu vermeiden. Später kritisiertest du, wie gängige Kriegsberichte technologische Aspekte glorifizieren. Heute berichten sie immer noch, wer wo wieviel Terrain gewonnen oder verloren hat, wie über Sportveranstaltungen. Sie reduzieren Kriege auf Konflikte zwischen Parteien, die ihre Kräfte messen. Es geht um Sieg und Niederlage. Hintergründe bleiben vernachlässigt. Kriege erscheinen als natürliches Schicksal. Debatten über Ursachen, Folgen sowie das Heroisieren von Kriegen und protziger Männlichkeit sind rar.

Neunte Folgerung: Dein gesellschaftliches Verständnis war stark humanistisch und friedenspolitisch geprägt. Persönliche Enttäuschungen hatten mit deiner etwas naiven Annahme zu tun, mit guten Argumenten und Taten auch Leute überzeugen zu können, die ihr Heu auf einer ganz andern Bühne lagern. Möglicherweise gabst du dich weltpolitisch auch zuversichtlicher, als du wirklich warst. Jedenfalls bekundetest du Mühe damit, Rückschläge (durch Aufrüstung) und gewaltvolle Entwicklungen zu verkraften. In wohlwollendem Klima sozialisiert und in jüngeren Jahren harmonisch orientiert, reagiertest du dann etwas dünnhäutig oder eben feinfühlig.

Männlichkeit. Ja, über Männlichkeit diskutierten wir auch. Konstruktionen wie hart und weich sind weiterhin verbreitet. Und sie leben im Kontext aktueller Kriege sogar neu auf, wie vor allem Frauen(-organisationen) berichten.

Emanzipative Vorstellungen von Männlichkeit wenden sich indes gegen machtgeprägte Geschlechterverhältnisse. Soziale Gruppen sind tragfähiger, bilanzierten wir, wenn sie sich möglichst egalitär organisieren und Konflikte nicht hierarchisch, sondern demokratisch angehen.

Konflikte beinhalten zudem ein Reflexionspotenzial. Sie können auch verbinden, wenn wir sie respektvoll austragen. Wer sie (weg-)managen will, behindert Erkenntnisse. Zum Beispiel darüber, wie wir Ängste mit Feindbildern abwehren und Kritiken an die Adresse unseres eigenen Schattens richten. Ja, wir verurteilen bei andern oft, was wir bei uns selbst unterdrücken. Oder wir flüchten uns in starre Identitäten, die keine Ambivalenzen zulassen, obwohl homogenisierte Gruppen oft regredieren. Konflikte fordern uns hingegen heraus, etwas zu verändern.

Ideal typisiert, halten sich beispielweise etliche Manager für konfliktfähig. Sie orientieren sich am Blitz – die Luft sei nie so rein wie nach einem Gewitter. Gerne kritisieren sie andere, die konsensbedacht sind. Das erlebtest du in deiner beruflichen Tätigkeit ja auch an unzähligen Workshops. Sozial Tätige plädieren indes eher für ein organisches Verständnis. Sie gewähren mehr Zeit und respektieren individuelle Eigenheiten. Skeptisch beurteilen sie mechanische Modelle, die das Funktionelle betonen. Beim Reflektieren zeigt sich: Wir lehnen bei andern ab, was wir uns selbst vergönnen; beispielsweise mehr Gelassenheit oder ein selbstbewusstes Auftreten. Diese Einsicht hilft, Verdrängtes zu integrieren und eigene Präferenzen zu differenzieren. Unterstützt durch pluralisierte Sozialstrukturen. Sie tragen dazu bei, dualisierte (Geschlechter-)Kategorien aufzuweichen.

Und das wolltest du doch. Du wolltest dich aber auch heroisch am eigenen Schopf aus einem warmen Tümpel ziehen, ohne ihn wirklich zu verlassen. Dieses Ziel lehntest du ab. Der Abstieg in eine Randständigkeit war für dich so etwas wie eine revolutionäre Katharsis. Und das führt zurück zur Männlichkeit und der Vorliebe, ein einsamer Wolf zu sein. Ein starker Handschlag drückte für dich Aufrichtigkeit und (Mannes-)Kraft aus. Du wusstest auch, was ein Gentleman ist. Warst in diesen Vorstellungen ein Kind der Zeit. Unsere Eltern tickten allerdings anders. Vater Samuel kochte und putzte gerne, während Mutter Flora seine Schreibarbeiten erledigte.

Zehnte Folgerung: Sportlich sozialisiert, setztest du dich gleichwohl bald einmal intensiv mit Männlichkeit und Geschlechterverhältnissen auseinander. Unsere Eltern arbeiteten relativ egalitär Hand in Hand. Das prägte dich, zusammen mit dem Einfluss der Frauenbewegung und den Genderdebatten in unserer WG. Und Rägel, deine langjährige Lebenspartnerin, war (wie die andern Partnerinnen) sehr eigenständig. Konflikte bestanden allerdings zwischen emanzipierter Haltung und bewusstem Umgang mit deinem harmonischen Frauenbild.

Melancholie. Du mochtest Erich Kästner. Und du pflegtest, wie er und unser Vater, soziale Bande zu Menschen ganz unterschiedlicher Milieus. Henning Kurz, der wie du Theologie studierte, aber auch Germanist und Kabarettist ist, bringt Kästner immer wieder auf die Bühne. Kästner ist für ihn, wie du für mich, ein sensibler und hellsichtiger Melancholiker mit viel Sinn für humorvolle und tiefere Dimensionen unseres Daseins.

Kästners Roman *Fabian* erschien 1931. Fabian war dir sehr vertraut. Er verkörpert die Geschichte eines Moralisten und den »Glauben des Ungläubigen«. Er ist sozial zu engagiert, um zu resignieren, und zu resigniert, um sich wie sein Freund Bude politisch zu engagieren. Humanistisch motiviert, sind ihm, so Kurz, Feindbilder zuwider, denen er Verstand und Gefühl opfern müsste.

Fabian freundet sich lieber mit dem Scheitern und der Einsamkeit an, ohne sich fatalistisch mit den Gegebenheiten zu arrangieren. Nein, er will seiner Epoche sogar einen (Zerr-)Spiegel vorhalten. Und wenn nichts mehr geht, ist das keine Seltenheit. Eine Seltenheit wäre indes, wenn das den Moralisten entmutigte. Denn sein Platz ist der verlorene Posten, den du ebenfalls gerne einnahmst. Du entzogst dich damit auch Frauen, die dich lieb hatten. Warum eigentlich? Du fühltest dich doch einem existenzialistischen »Dennoch« verpflichtet, keinem fatalistischen.

Fabian ist ein zarter Ironiker und präziser Beobachter, kein sonderlich »lebenstüchtiger«. Die verlogenen Verhältnisse empören, lähmen und langweilen ihn. Ebenso flüchtige hedonistische Eskapaden. Bude erschießt sich nach einem tragischen Missverständnis. Fabian zieht sich zu seiner Mutter zurück und sieht, wie ein Bub im Fluss ertrinkt. Fabian springt nach. Er will ihn retten, kann aber nicht schwimmen und versinkt, während der Bub das Ufer erreicht.

Elfte Folgerung: Fabian weigerte sich, im trüben Strom der zeitgenössischen Moral und Inhumanität mitzuschwimmen. Er wollte, wie Henning Kurz beschreibt, »vor dem Abgrund warnen und ging selbst unter«. Im Kontext von Verhältnissen, die weitaus übler waren als der relative Wohlstand in der Schweiz, der dich eher lähmte. Die Melancholie entsprach dir jedenfalls. Sie war für dich eine Lebenshaltung.

Haben oder Sein? So lautet der Titel des 1976 veröffentlichten Werks des Soziologen und Psychoanalytikers Erich Fromm (1900–1980). Ich habe ihn in frühen Jahren über dich kennengelernt. »Haben« steht bei Fromm für das Streben nach immer mehr Besitz, »Sein« für ein schöpferisches Tun.

Ein »Marketing-Charakter« prägt, so Fromm, die kapitalistische Gesellschaft. Sie orientiert sich an Konformität und, immer mehr, an Flexibilität, kurzfristiger Nützlichkeit und Rendite. Mich interessiert mit Bezug auf dich, wie unsere Psyche mit der ökonomischen Basis zusammenspielt.

Fromm sieht sehr wohl erbliche und frühkindliche Prägungen, betont jedoch die späteren, durch das gesellschaftliche Umfeld und die Sozialisation bedingten stärker. Hinzu kommen persönliche und situative Handlungsmöglichkeiten. Er drittelt in etwa den Einfluss dieser Faktoren und hält zudem dafür, auch soziale Anteile zu reaktivieren, die, nebst Verdrängungen, ebenfalls im Unbewussten schlummern. Uns überzeugte diese Sicht. Sie verpflichtet die gesellschaftlichen Verhältnisse und uns Menschen als soziale Wesen. Die Einflüsse lassen sich allerdings nicht streng quantifizieren.

Fromm typisiert zudem einen neuen Menschen, der das Haben aufgibt, sich selbst vertraut und dem Leben seinen eigenen Sinn verleiht. Er konkretisiert auch die Wesensmerkmale einer neuen Gesellschaft, die Technik selbstbestimmt nutzt, eine gesamtwirtschaftliche Rahmenplanung vornimmt und auf die Fiktion einer freien Marktwirtschaft verzichtet.

Konkrete Utopien kontrastieren die Haben-Orientierung. Sie führen laut Fromm weg vom Turmbau zu Babel. Im Sinne von: »Leben statt Profit«. Mit einer Politik, die sich mit der Lebenswelt verbindet.

Zwölfte Folgerung: Erich Fromm verknüpft vielfältige Prägungen: vererbte, im Unterbewusstsein schlummernde, gesellschaftliche, familiäre und persönliche. Er beschreibt die dynamische Dialektik zwischen Struktur, Kultur, Psyche und akzentuiert dabei klar die gesellschaftlichen Einflüsse. Das überzeugte dich und spricht auch dafür, deine Sucht nicht zu individualisieren, sondern in diesem Kontext zu diskutieren, ohne dich und uns als Familie aus der Verantwortung zu nehmen. Aber solange wir gesellschaftlich und privat immer mehr haben und besitzen wollen, bleiben uns nach Fromm auch Kriege, soziale Gegensätze und Suchterkrankungen erhalten.

Schweigen. Das Schlimmste kann das Schweigen der Guten sein. Diese Aussage stammt so ähnlich von Dietrich Bonhoeffer. Du erinnertest an einem Spaziergang daran. Wir kamen ab und zu auf ihn und seine Schrift *Widerstand und Ergebung* zu sprechen, die seine Briefe aus der Haft von 1943 bis zur Hinrichtung 1945 enthält. Bonhoeffer beeindruckte dich schon in der Mittelschule. Vielleicht motivierte er dich auch mit dazu, Theologie zu studieren. Unsere Eltern erzählten früh von ihm.

Ja, Bonhoeffer faszinierte und irritierte dich. Er exponierte sich gegen den Faschismus und wurde dafür im April 1945 im Konzentrationslager Flossenbürg hingerichtet, noch keine vierzig Jahre alt. Etwas schillernd wirkten auf dich die Konzeption seiner Frömmigkeit und seine Reisen, die ihm trotz Rede- und Schreibverbot zugestanden blieben und die er, teils im Dienste des NS-Staats, für den Widerstand genutzt hat. Im Sinne von »Anpassung und Widerstand«.

Zur Jahreswende 1942/1943 postulierte Bonhoeffer »einen Blick von unten, Ehrlichkeit und Zivilcourage«: Tatenloses Abwarten und stumpfes Zuschauen seien keine christlichen Haltungen. Das machte dir Eindruck. Zudem trieb dich um, was nach dem Weltkrieg und der Hinrichtung von Bonhoeffer weiter geschah: Am 15. September 1945 erstattete Adolf Grimme, der zur Roten Kapelle gehört hatte, Anzeige gegen den zuständigen NS-Richter. Das Verfahren wurde jedoch eingestellt.

1956 entlastete der Bundesgerichtshof auch weitere Beteiligte, die Bonhoeffer 1945 zum Tode verurteilt hatten: Einem Richter könne »angesichts seiner Unterworfenheit unter die damaligen Gesetze« kein Vorwurf daraus gemacht werden, wenn er »glaubte«, Widerstandskämpfer »zum Tode verurteilen zu müssen«.

Bonhoeffer wandte sich gegen die Militarisierung. Er trat in extrem schwierigen Zeiten für die Abrüstungspolitik des Völkerbundes ein und orientierte sich an Mahatma Gandhi. Die Kirche beschuldigte er, zu verstummen und sich so anzupassen. Daher die Aussage, die du sinngemäss zitiertest: Das Schlimmste kann das Schweigen der Guten sein.

Dreizehnte Folgerung: Dietrich Bonhoeffer symbolisierte für dich ein Engagement zwischen Leben und Tod. Solche Biografien standen bei uns zu Hause hoch im Kurs. Menschen mit außerordentlichen Fähigkeiten und Verdiensten faszinierten. Obwohl unsere Eltern eigentlich stets »das ganz Einfache und Gewöhnliche« postulierten. So diente auch Bonhoeffer als Vorbild. Es verlangte existenzielle Widerständigkeit und stellte deine hehren Anstrengungen in den Schatten. Vielleicht verstärkten sich so auch Gefühle, kaum zu genügen. Sie gehören zur Kehrseite des Begehrens, sich über andere zu erheben.

Loslassen

Lieber Marco, du fehlst. Aber so ist wenigstens dein Leiden vorbei. Du hast allerdings auch sehr viel Schönes und Interessantes erlebt; vor allem während der ersten Hälfte deines Lebens. Die zweite Hälfte war schmerzvoller und öfters trüb. Und doch, wenn du als Stadtindianer nach Mitternacht angetrunken nach Hause kamst, entfachtest du ab und zu im Garten noch ein kleines Feuer – dir zuliebe. Du nahmst auch weiterhin gerne ein gutes Buch zur Hand, freutest dich über helle Worte, Jokes und guten Kaffee. Und du wolltest weder Opfer noch eine Projektionsfläche sein; vor allem keine negativ besetzte.

Mir tut dir gegenüber leid, wie moralisch ich zuweilen auf dich reagierte. Ja, ich appellierte an deine Würde, deinen Willen und deine Integrität. Besonders nach Vier-Promille-Eskapaden. Doch Abstürze, Rückfälle (nach Entzügen) und der »Missbrauch von Vertrauen« gehören zur Sucht. Sie vermitteln immerhin Hinweise auf besondere Ausprägungen. Wir drehten uns darob öfters im Kreis. Heute würde ich die neuere Suchtforschung mehr berücksichtigen und vor allem dir noch besser zuhören.

»Zuhören, ja, das ist sicher wichtig. Aber reicht das?«, fragt da unsere Schwester Christa nach. Ihr kam unser Vater in den Sinn, wie er sich über eine damals neu aufkommende Methode, das Spiegeln, lustig machte. Sie sollten das bei einer Weiterbildung lernen. Er habe darüber nur den Kopf geschüttelt. Denn der Mensch brauche doch ein Gegenüber, das etwas von einer anderen Sicht beleuchte, manchmal aufrüttle und dazu anrege, über sich selber nachzudenken. Und oft bräuchten wir eben ein Du, das uns erst darauf bringe.

*

Unser Bruder Walter wollte zum vorliegenden Manuskript nicht viel sagen. Er nahm es zur Kenntnis, möchte den »Mythos Markus« zurücklassen und nicht weiter pflegen. Wenn es mir wichtig sei, stelle er sich nicht in den Weg. Aber er staune über das Pflegen von Mythen. Und dafür sei die engagierte Linke ebenfalls empfänglich.

Was Walter anspricht, ist gewiss wichtig. Die Gefahr besteht, Mythen zu erhalten und dich sowie uns selbst zu überhöhen. Da ist Selbstkritik gefragt. Vielleicht halte ich die Realität zu wenig aus und verkläre sie deshalb. Aber ich verdanke dir enorm viel. Ich habe oft erlebt, wie wohlwollend und zivilcouragiert du dich engagiertest. Davor habe ich Respekt. Das schätze ich, ohne Ungereimtes unterschlagen zu wollen. Dass wir Linken gegen Mythen nicht gefeit sind, trifft gewiss zu. Wie für andere auch.

Aber ich vergesse dir nie, wie du als angehender und dann stolzer Gymnasiast mich, deinen kleinen Bruder, ab und zu in Basel ins Kino schmuggeltest. So eröffnetest du mir die Welt des Wilden Westens. Mit überwältigender Musik. Und einem coolen Clint Eastwood, der zu Beginn der 1960er Jahre noch recht unbekannt war: so etwa in Sergio Leones Streifen *Für eine Handvoll Dollar.* Das war echte Lebenshilfe, für dich und mich. Zwar etwas kitschig heroisierend, aber Gerechtigkeit geht vor. Vielen Dank! Auch für all die Gespräche, die wir damals schon anhand dieser Filme über Ehrlichkeit, Fairness, Mut und Vorurteile führten. Einfach so. Im stimmigen Zusammensein.

*

»Unsere Eltern waren beide erstaunlich mutige Menschen«, fährt Walter fort. »Auch in schwierigen Situationen haben sie viel gewagt! Ich kann deshalb heute nur mit großer Achtung und Dankbarkeit an sie denken.« Schön, das trifft wohl zu, wie auf viele andere auch.

Wenn, beruflich bedingt, Gäste mit »Rang und Namen« bei uns verkehrten, dann nahmst du aber auch wahr, Marco, wie Vater herzlich begrüßte, Mutter freundlich auftischte, wir auf Überreste hofften und einzelne Herren sich doch sehr wichtig nahmen. So lerntest du schon früh, »Mehrbesseren« einigermaßen diplomatisch zu begegnen und dich innerlich ein wenig über sie zu erheben.

Häufiger saßen bei uns Alkis und Randständige am Tisch. Auch da zeigten sich sogenannte Gefälle. Zwar schienen alle im Leben irgendwie genial »gescheitert« zu sein. Einzelne waren aber wirklich höchst originell und interessant. Du sympathisiertest mit ihnen. Ich auch. Sie erzählten vom Knast, von der Gasse, der Fremdenlegion, und kontrastierten unser harmonisches Miteinander, das manchmal stimmig, aber auch etwas zwangsgeborgen war und uns dennoch von den »Gescheiterten« abhob.

*

Du wurdest, Marco, wie Walter betont, von unserer Mutter und vielen andern bewundert. Du warst das Kind, »dem man alles zutraute«, und »der Günstling der Lehrer bis über das Gymnasium hinaus«. Ja, Walter studierte auch Theologie. Und er erinnert sich, wie du in deinem ersten Seminar beim Professor thematisch gleich interveniertest, der dann sofort bereit war, den Stoff nach deinen Vorstellungen umzustellen. Und so hätten sich deiner Aura viele gefügt. Walter fragt dann weiter, ob es davon auch bei mir Nachwirkungen gebe? Und: »Wozu noch ein Buch schreiben?«

Nun, diese Fragen würdest du mir wohl ähnlich stellen. Und ich sage einfach: Ja, ich tue das primär für mich und nicht aus Nächstenliebe. Ich bin dir und mir eng verbunden. Und nähere mich dem an, was uns beeinflusst. Vielleicht tue ich das etwas unbeholfen, aber neugierig.

In unserem Flur hing einst eine Karte mit der Aufschrift: »Das tat ich für dich, was tust du für mich?« Dich störte dieses Einfordern von Gegenleistung. Du sträubtest dich auch gegen enge Vorstellungen von Nützlichkeit. Und wir beide rechneten kaum je miteinander ab, weder finanziell noch immateriell. Wir wären füreinander durchs Feuer gegangen. Nur bot sich kaum Gelegenheit dazu.

Ich vertraute dir jedenfalls lange bedenkenlos. Und deine Ausstrahlung berührt mich heute noch sehr, egal, ob sie schwächelt. Sie tröstet mich auch darüber hinweg, was sich später an Ungutem häufte. Und das ja nicht einfach wegen dir, sondern auch wegen mir und vielen andern, systemisch betrachtet. Wir verstärkten wohl Vorwürfe, die du eh schon gegen dich selbst hegtest.

Ich prägte jedenfalls unser Verhältnis stark mit, das oft lebendig und manchmal schwierig war. Und so rekonstruiere ich einzelne Erfahrungen und Gedanken vor allem auch für mich. Und wenn sie andere dazu ermuntern, sich selbst über die Schultern zu schauen, dann freut's mich. Besonders, wenn wir uns auch mit der weiteren Umwelt auseinandersetzen, die uns alle unterschiedlich, aber teils auch ähnlich beeinflusst. Was uns Menschen eigentlich stärker verbinden könnte.

*

Aber aufgepasst, mein Text ufert aus. Das moniertest du auch bei Vorträgen. Meine Antrittsvorlesung an der Uni Basel verließest du jedenfalls vorzeitig, torkelnd und demonstrativ. Du wolltest dir eine Rauchpause gönnen und kritisiertest beim Umtrunk »die unnötigen Längen«. Wohl zu Recht. Weniger wäre mehr! Ich weiß.

Doch auf etwas will ich noch kurz reagieren. Dir hätte es gut getan, lautet eine Kritik, nicht meine, einmal für längere Zeit in ein ganz anderes Umfeld aufzubrechen, »über die kleine Welt Basel-Sissach und die Handballidylle hinaus, nicht immer von Gleichgesinnten umgeben«. Wer im Schonraum verweile, komme nie richtig auf die Welt. Soweit Einwände, die kürzlich zu intensiven Gesprächen geführt haben. Leider ohne dich.

Wie klein deine Welt zwischen Sissach und Basel war, ist wohl schwierig zu sagen. Mir kam und kommt sie recht groß und weit vor; trotz wiederkehrenden Spaziergängen auf ähnlichen Wegen.

Sich an einem ganz andern Ort einzurichten und zu behaupten, das erfordert und verändert gewiss viel. Es gibt allerdings auch Leute, die jedes Jahr den Beruf, die Partnerschaft und den Wohnort wechseln, Brüche eingehen und im Neuen doch viel Altes reproduzieren. Während andere mehr Kontinuität leben und dank so erlangter Stabilität immer wieder Ungewohntes ausprobieren.

Vermutlich war deine Welt vielfältiger als von uns wahrgenommen. Öfters erfahre ich von Bekanntschaften, die du mit ganz unterschiedlichen Menschen gepflegt hast. Und unser altes Handballteam, das sich heute noch trifft, ist ja sehr heterogen zusammengesetzt. Dazu gehören ebenfalls Kollegen ohne berufliche Ausbildung. Sie kamen auch mit, wenn wir nachts auf der Sternwarte oder sonstwo den Himmel bestaunten. Ebenfalls breit ist das politische Spektrum. Das führt zu eingehenden Debatten, bis heute. Und diese Verbundenheit hat wohl mit intensiven emotionalen Erlebnissen zu tun. Und doch ist die Frage nach der »Idylle« bedenkenswert. Ich weiß nicht, wie tragfähig du unsere sportliche Gemeinschaft erlebtest. Wir treffen uns jedenfalls Jahrzehnte nach dem letzten Meisterschaftsspiel weiterhin. Und du gehörst immer noch dazu, zehn Jahre nach deinem Tod.

Das beeindruckt mich und hat auch mit deinem offenen Radius zu tun. Schade nur, dass du nicht mehr wirklich dabei bist. Aber so ähnlich geht es uns allen einmal. Und wann und wie das auch immer geschieht, wer versteht schon wirklich, was uns ermöglicht, vorhandene Chancen mehr oder weniger zu nutzen?

An deinem Grab war ich, lieber Marco, konsterniert und verzweifelt, jetzt nicht mehr. Ich lasse dich gehen, vergänglich, wie wir sind, und danke dir für alles.

Lieferbare Bücher von Ueli Mäder im Rotpunktverlag

68 – was bleibt? (2018)

macht.ch. Geld und Macht in der Schweiz (2015)

Raum und Macht. Die Stadt zwischen Vision und Wirklichkeit. Leben und Wirken von Lucius und Annemarie Burckhardt (2014, zusammen mit Hector Schmassmann und Peter Sutter)

Wie Reiche denken und lenken. Reichtum in der Schweiz: Geschichte, Fakten, Gespräche (2010, zusammen mit Ganga Jey Aratnam und Sarah Schilliger)

Realismus der Utopie. Zur politischen Philosophie von Arnold Künzli (2003, zusammen mit Hans Saner)

Ebenfalls im Rotpunktverlag

Stefan Keller: *Spuren der Arbeit. Von der Manufaktur zur Serverfarm* (2020)

Foto: Christian Jaeggi

Ueli Mäder, 1951 in Beinwil am See geboren, ist emeritierter Professor für Soziologie der Universität Basel und der Hochschule für Soziale Arbeit (FHNW). Er forscht über soziale Ungleichheiten. 2022 erhielt er den Internationalen Erich-Fromm-Preis.